Das Übungsheft 1/2

Größen   Mathematik

Nina Simon · Hendrik Simon

Name: _____

Klasse: _____

Bestell-Nr. 1504-39 · ISBN 978-3-619-15439-5
© 2019 Mildenberger Verlag GmbH, 77610 Offenburg
www.mildenberger-verlag.de
E-Mail: info@mildenberger-verlag.de
Auflage 5 4 3 2
Jahr 2025 2024 2023 2022

Redaktion: Sebastian Tonner
Illustrationen: tiff.any GmbH, Berlin/Mario Kuchinke-Hofer, Miriam Fritz
Layoutkonzeption: tiff.any GmbH, Berlin
Gestaltung und Satz: tiff.any GmbH, Berlin
Druck: EuroPrintPartner GmbH & Co. KG, 77694 Kehl

1 Bringe die Bilder in die richtige Reihenfolge.

a)

| | | | | 1 |

b)

| | | | | |

c)

| | | | | |

2 Zeichne die fehlenden Bilder.

a)

| 1 | 2 | 3 | 4 | 5 |

b)

| 2 | 4 | 5 | 1 | 3 |

1 Bringe die 6 Bilder in die richtige Reihenfolge.

1

2 Mit welchem Bild kannst du die Reihe sinnvoll fortsetzen? Kreuze an.

a)

 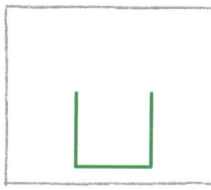 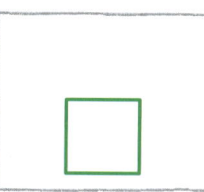 

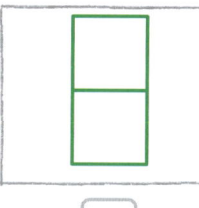 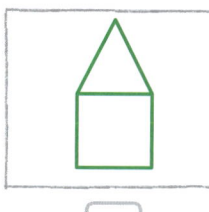 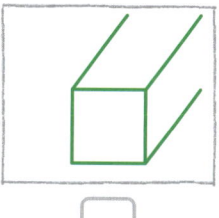

b)

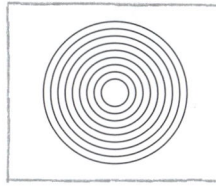 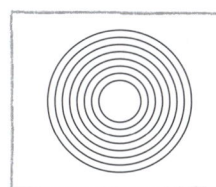 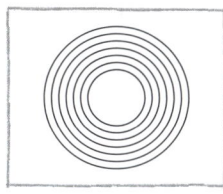 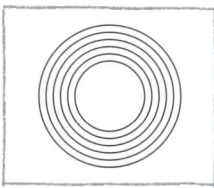 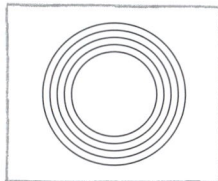

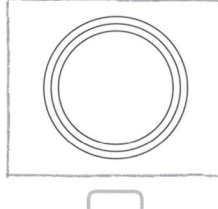 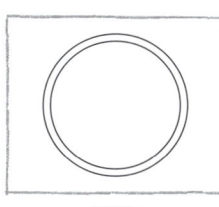 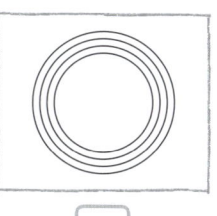

1 Welcher Stift ist länger? Kreuze an.

a) b) c) d) e)

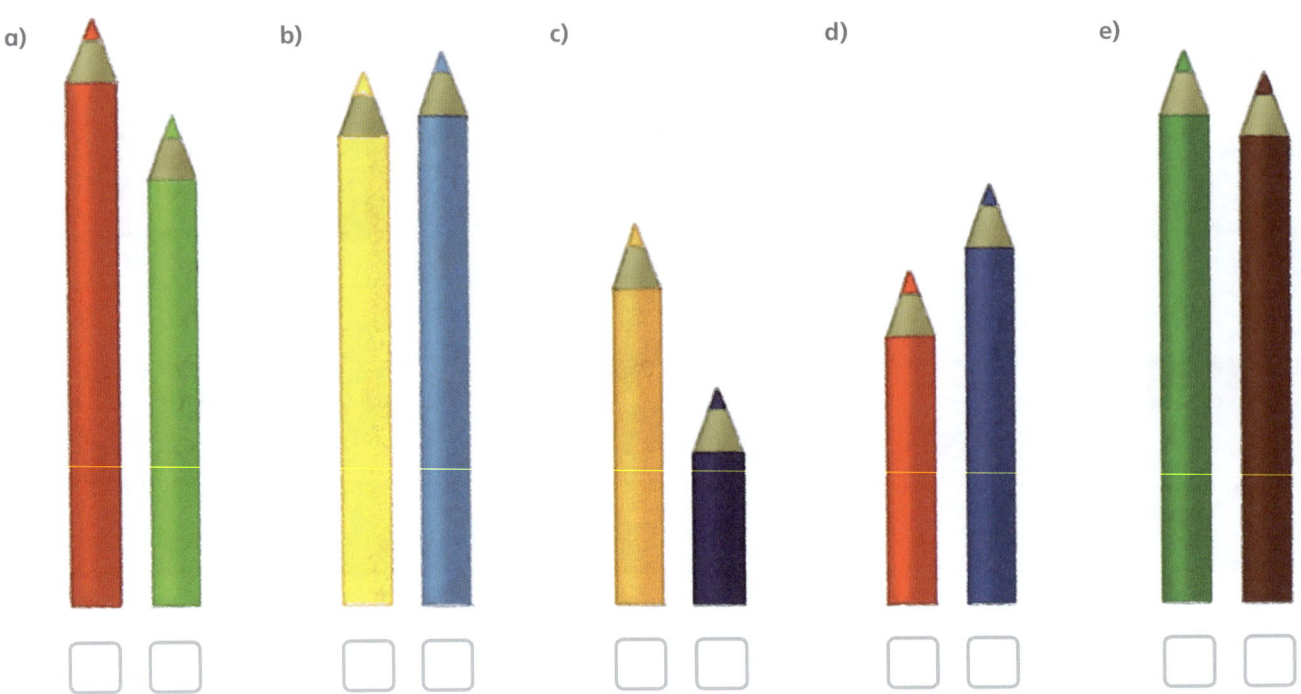

☐ ☐   ☐ ☐   ☐ ☐   ☐ ☐   ☐ ☐

2 Welcher Gegenstand ist kürzer? Kreuze an.

a)

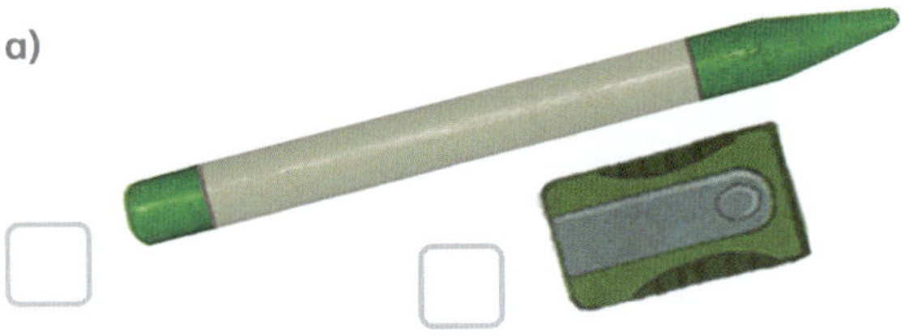

☐   ☐

b)

☐

☐

c)

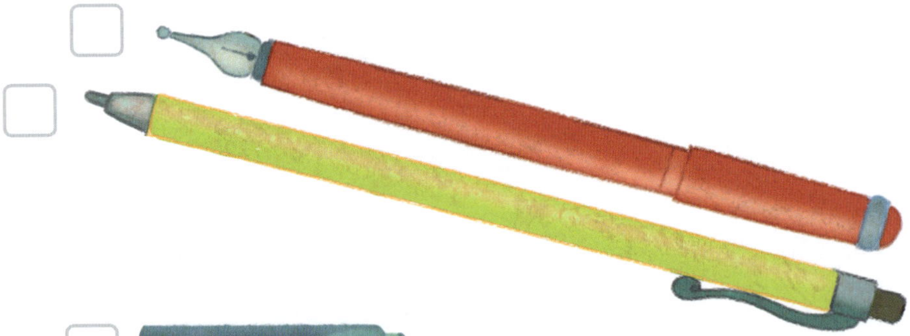

☐

☐

d)

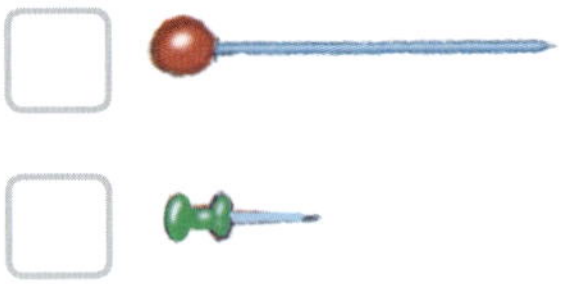

☐

☐

e)

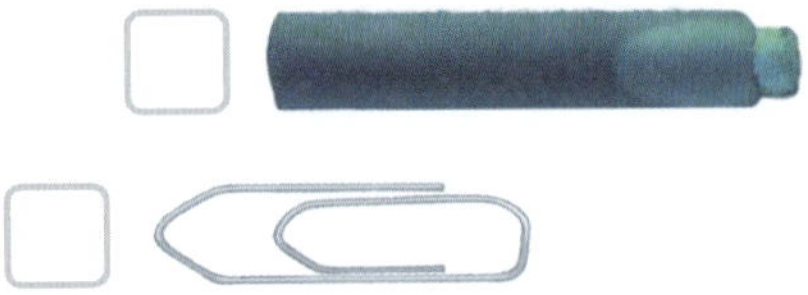

☐

☐

f)

☐

☐

Ich messe den Kugelschreiber und den Filzstift mithilfe eines Papierstreifens.

1 Vergleiche die Längen der abgebildeten Gegenstände mithilfe eines Papierstreifens.

a) Richtig oder falsch? Schreibe ✓ für richtig und ✗ für falsch.

Der Kleber ist länger als der Pinsel . ☐

Der Textmarker ist kürzer als die bunte Stange . ☐

Der Pinsel ist genauso lang wie die bunte Stange . ☐

Der Radiergummi ist länger als die bunte Stange . ☐

b) Setze ein: │ ist länger als │ │ ist kürzer als │ │ ist genauso lang wie │

Die Pinnnadel _____ die Spielfigur .

Der Würfel _____ die Spielfigur .

Der Pinsel _____ der Kleber .

Der Kleber _____ die bunte Stange .

1 Bringe die Pinsel in die richtige Reihenfolge.
Beginne mit dem kürzesten Pinsel.

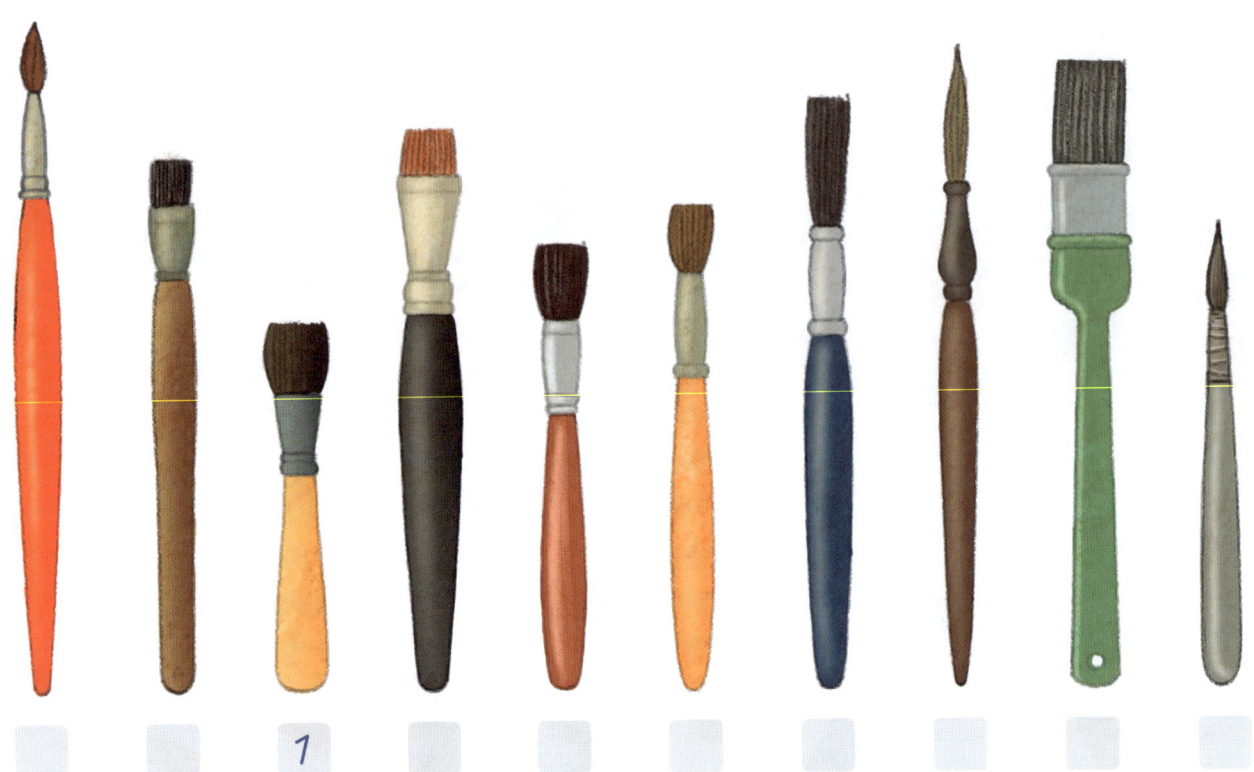

2 Vergleiche die Längen mithilfe eines Papierstreifens.
Beginne mit dem längsten Radiergummi.

Längen – indirekter Vergleich

1 Wie lang sind die farbigen Streifen? Zähle in Kästchen.

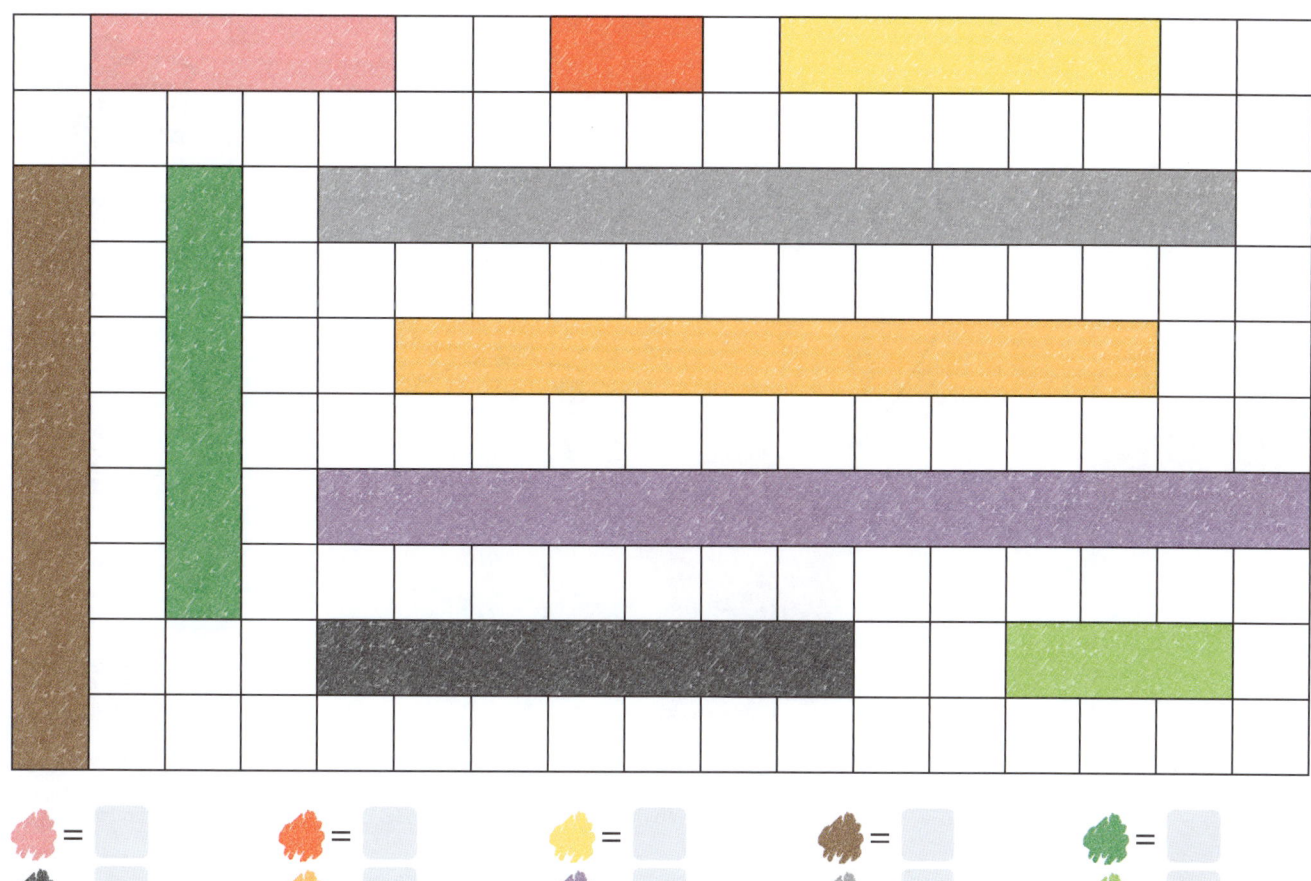

2 Ordne die Schlangen nach ihrer Länge. Beginne mit der kürzesten Schlange.

Welcher Gegenstand ist leicht? Welcher Gegenstand ist schwer? Verbinde.

Gewichte – leicht und schwer

1 Kreuze immer an, was schwerer ist.

a)

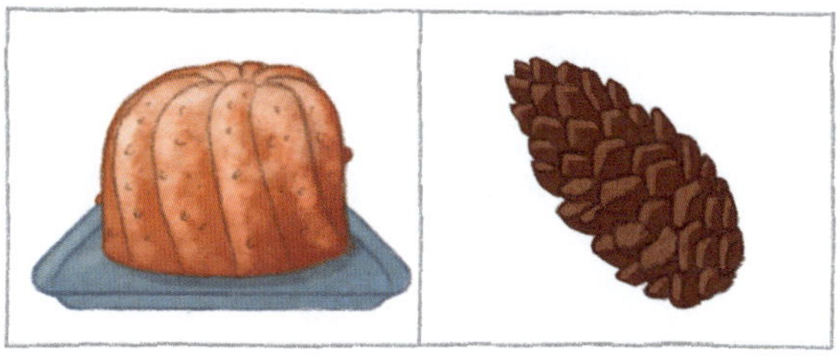

b)

c)

d)

e)

f)

2 Welches Steckwürfelgebäude ist leichter? Kreuze an.

a)

b)

c)

d)

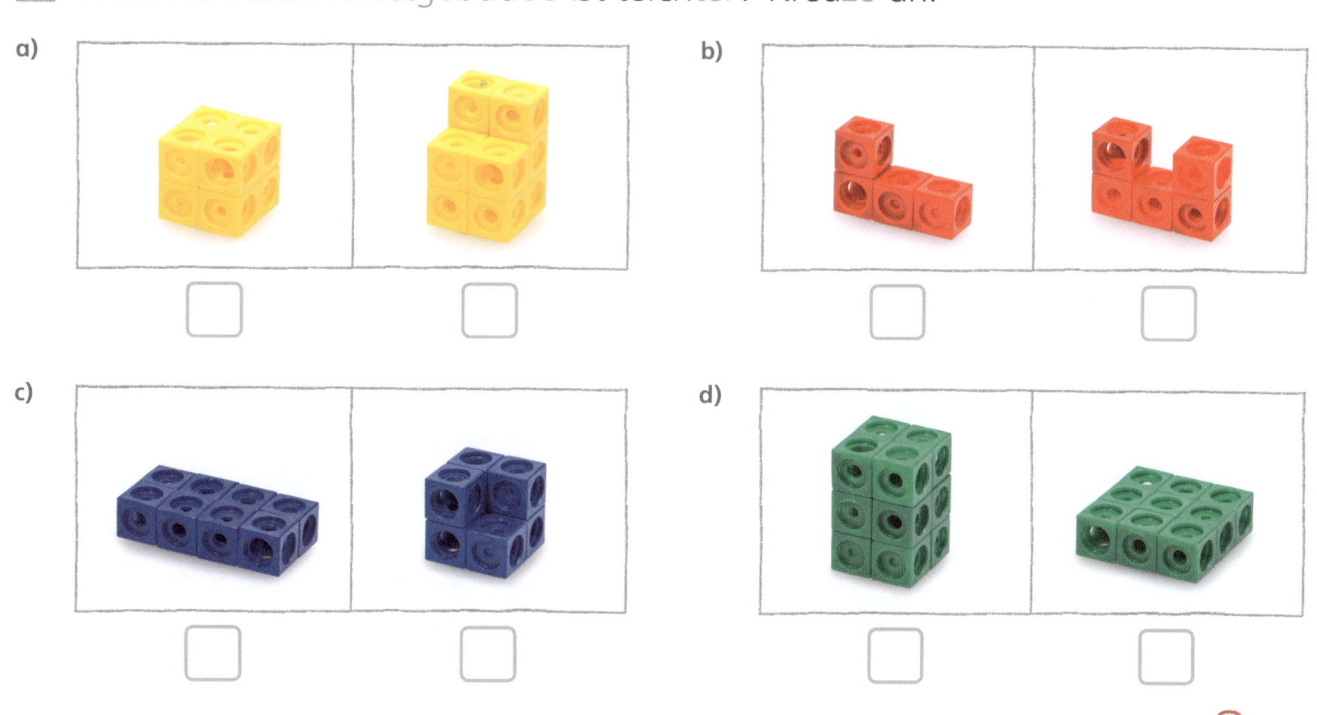

1 Verbinde die Münzen mit dem richtigen Wert.

| 2 ct | 20 ct | 50 ct | 1 ct | 5 ct | 10 ct |

2 Verbinde die Münzen und Scheine mit dem richtigen Wert.

| 5 € | 20 € | 50 € | 1 € | 200 € | 100 € | 10 € | 2 € |

3 Welche Münzen und Scheine gibt es nicht?
Streiche falsche Münzen und Scheine durch.

1 Was kostet nur einige Cent? Was kostet einige Euro?
Schreibe ct für Cent und € für Euro.

2 Finde weitere Gegenstände, die einige Euro oder einige Cent kosten.
Trage in die Tabelle ein.

Gegenstand	einige Euro	einige Cent
Buch	X	
Lolli		X

1 Wie viel Cent sind es?

8 ct

2 Wie viel Euro sind es?

10 €

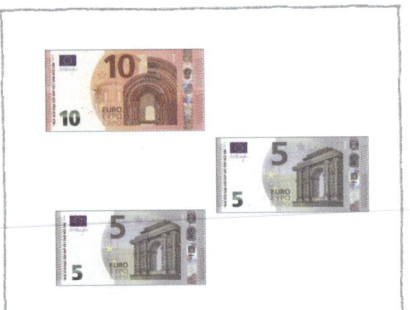

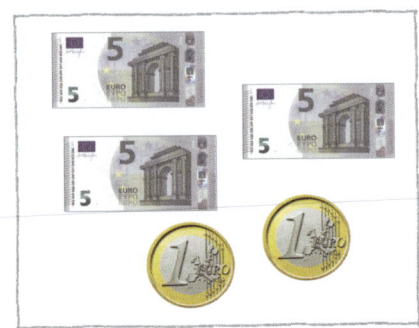

1 Mit welchen Münzen und Scheinen kannst du bezahlen? Kreise ein.

a)

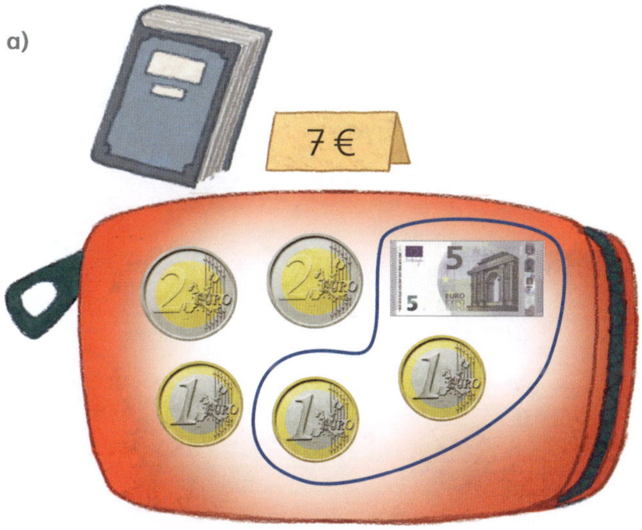

7 €

b)

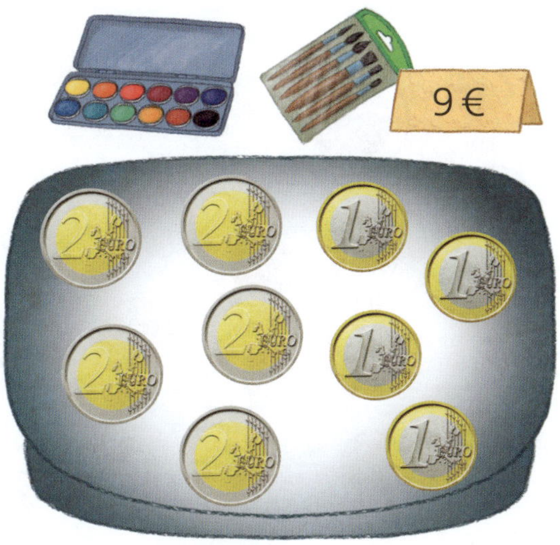

9 €

c)

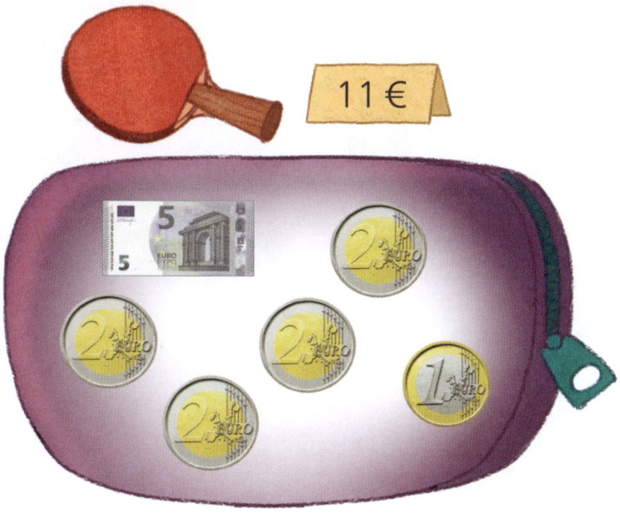

11 €

d)

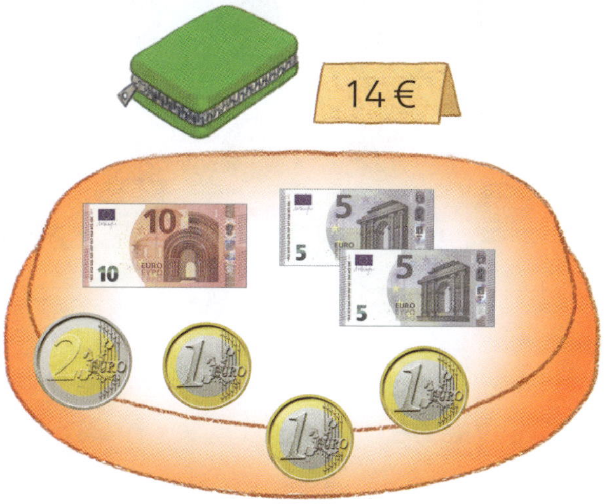

14 €

2 Immer 14 Cent. Trage passende Werte in die Münzen ein.

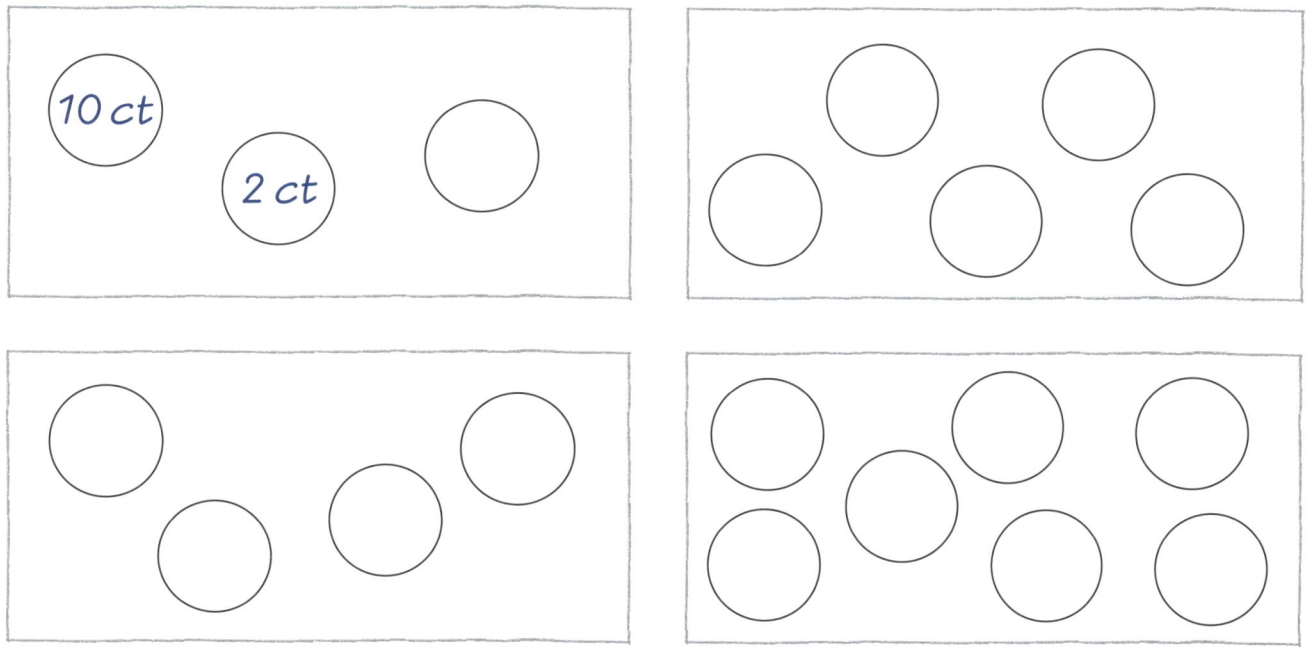

10 ct

2 ct

1 Kreise immer 10 ct ein.

2 Kreise immer 10 € ein.

3 Wie bezahlst du? Zeichne.

11 ct	17 ct

9 €	18 €

Geld – Darstellung von kleinen Beträgen

1 Wie viel Geld bleibt übrig? Streiche durch und zeichne.

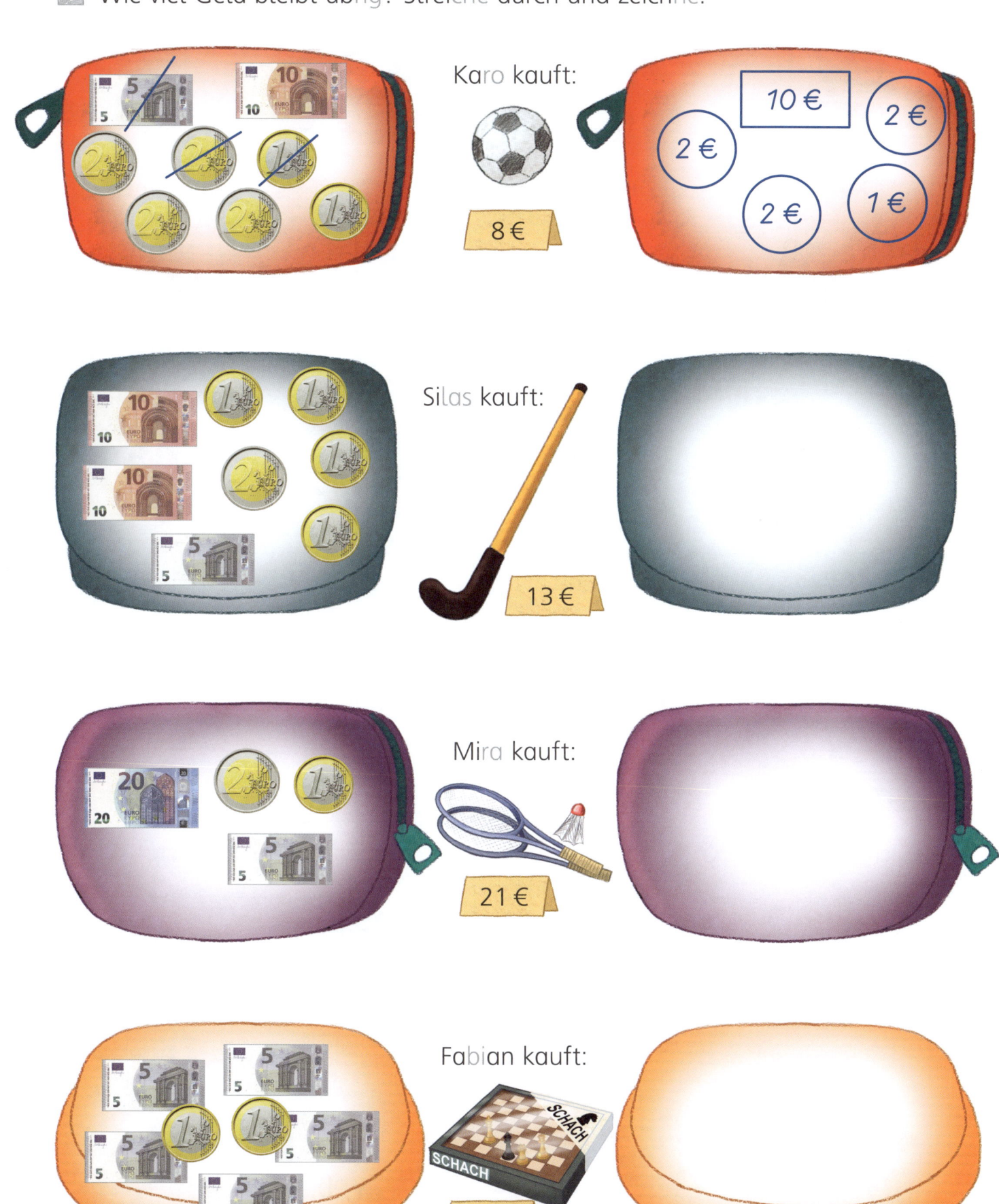

Karo kauft:

8 €

Silas kauft:

13 €

Mira kauft:

21 €

Fabian kauft:

16 €

1 Wie viel kostet es zusammen?

Es kostet **10 €** zusammen.

Es kostet ____ zusammen.

Es kostet ____ zusammen.

Es kostet ____ zusammen.

Es kostet ____ zusammen.

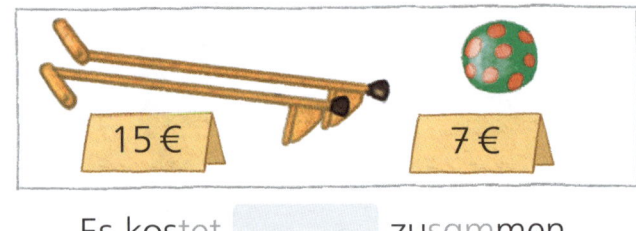

Es kostet ____ zusammen.

2 Wie viel Euro bekommst du zurück?

Ich bekomme **3 €** zurück.

Ich bekomme ____ zurück.

Ich bekomme ____ zurück.

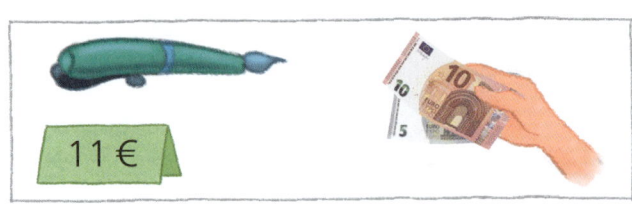

Ich bekomme ____ zurück.

Ich bekomme ____ zurück.

Ich bekomme ____ zurück.

1 Wechsle die Münzen. Verbinde.

2 Wechsle die Münzen und Scheine. Verbinde.

Ein Kästchen ist genau 1 Zentimeter lang.

1 Zentimeter = 1 cm

Der Füller ist genauso lang wie 14 Kästchen. Also ist der Füller 14 cm lang.

1 Miss mit den Einern aus. Wie viel Zentimeter sind es?

6 cm

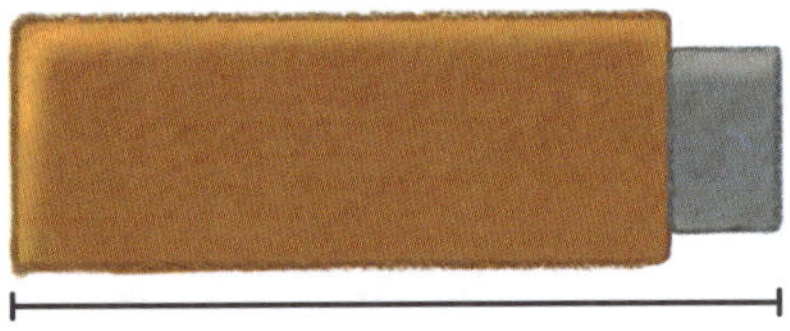

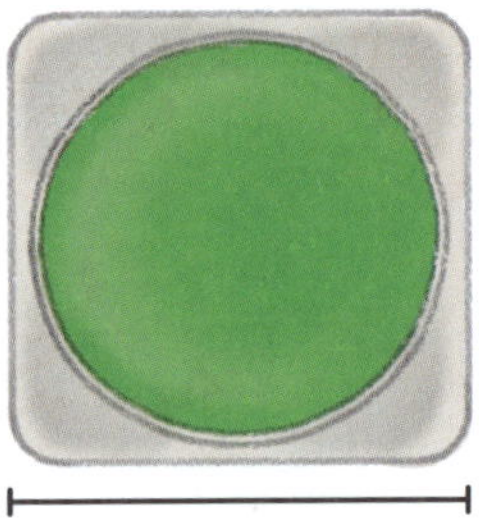

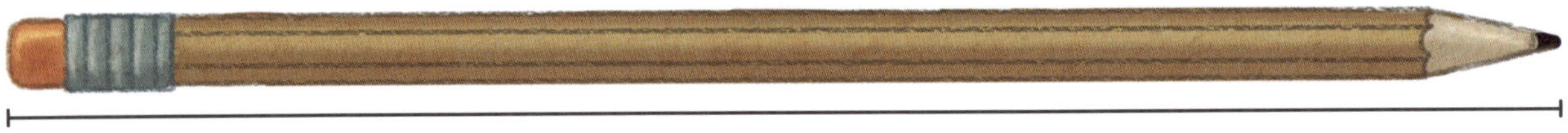

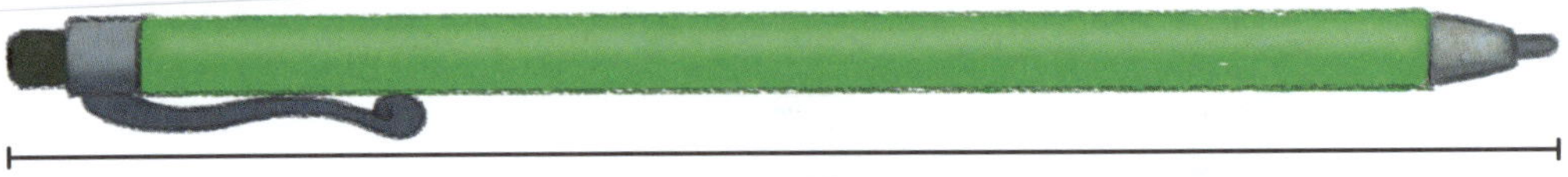

Längen – Messen mit Hilfsmitteln

2 Miss die Strecken mit den farbigen Streifen aus.
Trage die Maße in die Tabelle ein.

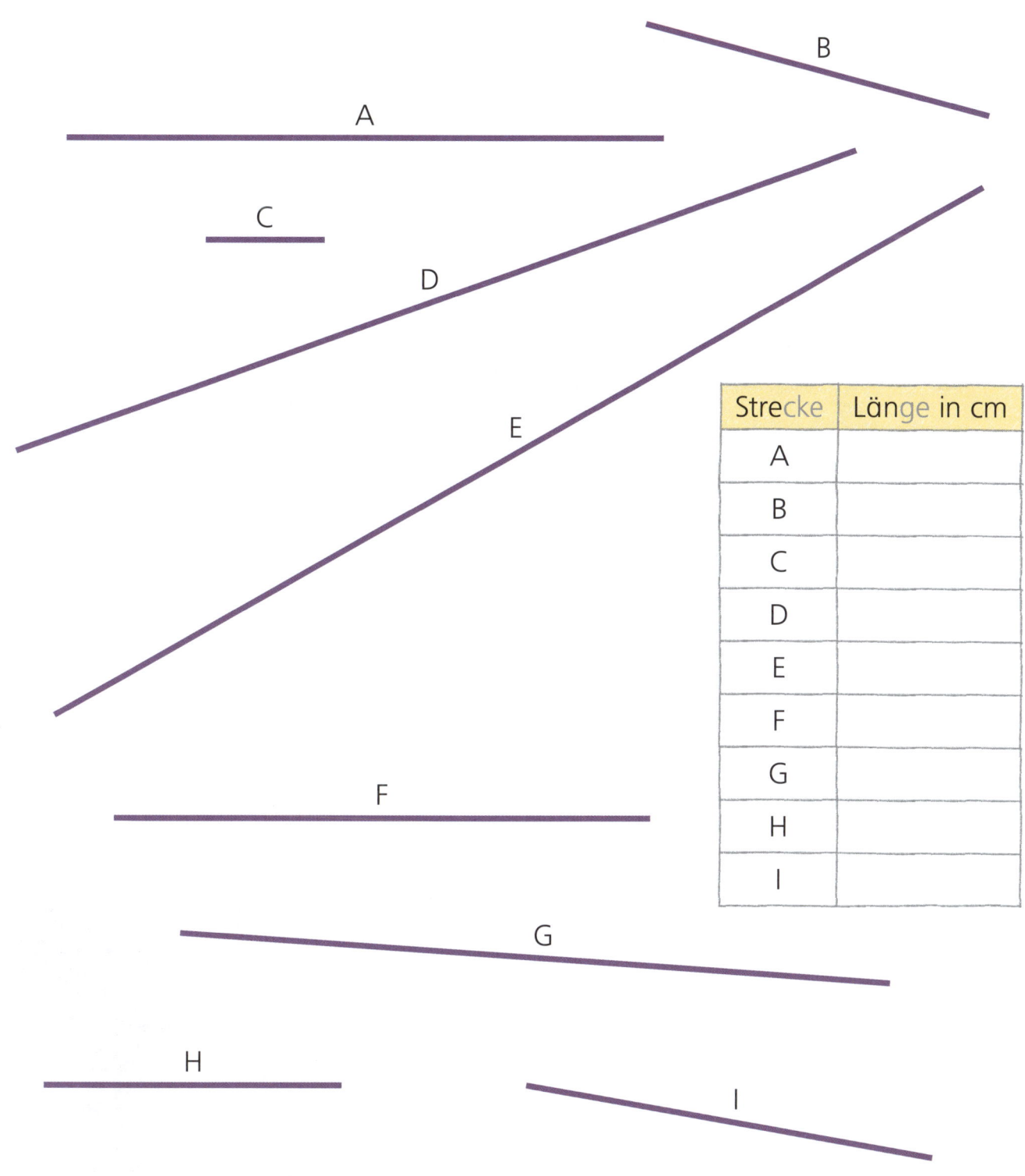

Strecke	Länge in cm
A	
B	
C	
D	
E	
F	
G	
H	
I	

3 Lege 13 cm. Zeichne dann freihand eine Linie mit derselben Länge.

1 Finde verschiedene Möglichkeiten, die weißen Rechtecke auszulegen.
Trage deine Ergebnisse in die Tabelle ein.

a)

| | | |

🟨	🟥	⬜
–	2	2

b)

| | | |

🟨	🟥	⬜

c)

| | | | |

🟧	🟨	🟥	⬜

d)

| | | | |

🟧	🟨	🟥	⬜

1 Miss die Strecken mit deinem Lineal. Kontrolliere mit den Streifen.

7 cm

2 Zeichne die Strecken in der vorgegebenen Länge mit deinem Lineal.

a) 6 cm

b) 8 cm

c) 12 cm

3 Zeichne ein Rechteck, das 4 cm lang und 1 cm breit ist.

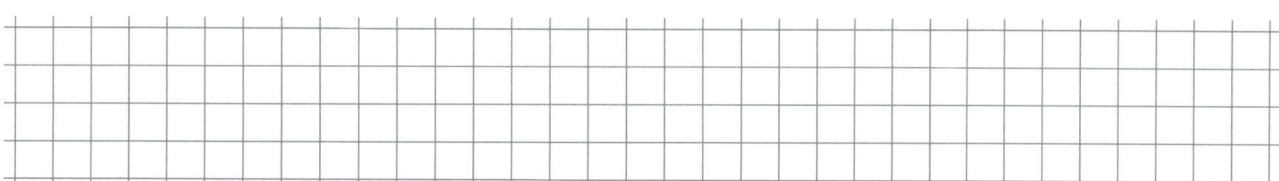

A   B   C   D   E   F   G

Strecke	Plusaufgabe
A	10 cm + 2 cm + 1 cm = 13 cm
B	
C	
D	
E	
F	
G	

Längen – Längen addieren

2 Lege die farbigen Streifen aneinander. Rechne zusammen.
Wie viele Zentimeter sind es?

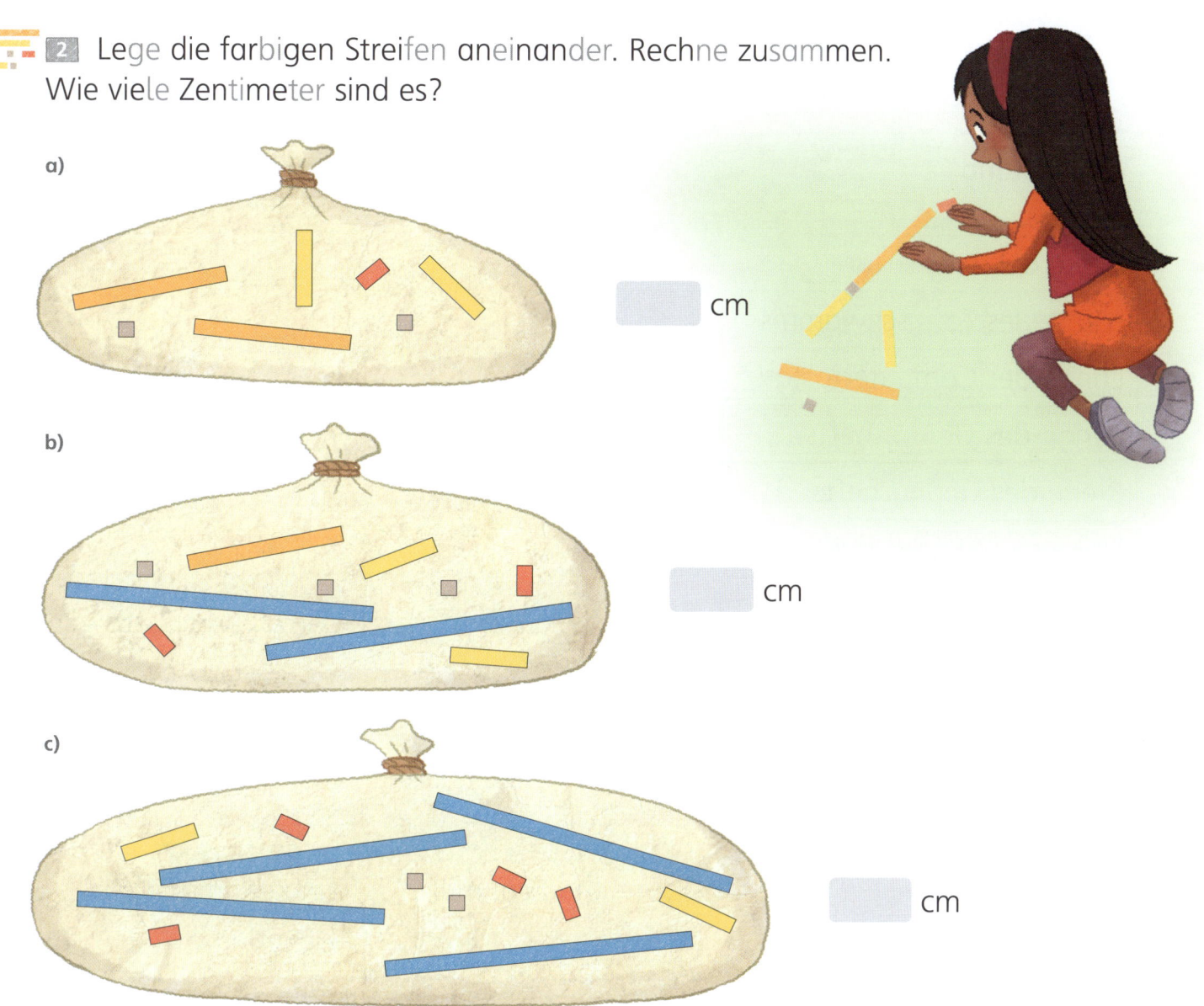

a) ⬜ cm

b) ⬜ cm

c) ⬜ cm

3 Lege die Längen mit den farbigen Streifen.
Finde zu jeder Länge zwei Möglichkeiten. Fülle die Tabelle aus.

Länge	🟫	🟥	🟨	🟧	🟦
50 cm	–	5	–	4	–
50 cm					
64 cm					
64 cm					
93 cm					
93 cm					

1 Bestimme die ungefähren Maße der Gegenstände.
Schätze zuerst. Miss dann mit den farbigen Streifen oder einem Lineal.

Gegenstand	geschätzt in Zentimeter	gemessen in Zentimeter
Breite der Zimmertür		
Länge des Tafelschwamms		
Länge der Computertastatur		
Länge des Übungshefts		
Breite des Übungshefts		
Höhe einer Packung Milch (1 l)		
Länge einer Nudel (Spaghetti)		

2 Finde eigene Gegenstände und bestimme ihre Größe.
Schätze zuerst. Miss dann mit den farbigen Streifen oder einem Lineal.

Gegenstand	geschätzt in Zentimeter	gemessen in Zentimeter

3 Welche Länge passt ungefähr? Verbinde.

Tafellineal   großer Regenschirm   Radiergummi

Kugelschreiber   Kleiderbügel   Turnschuh

78 cm   13 cm   5 cm   20 cm   100 cm   44 cm

Längen – Längen schätzen und messen

1 Bringe die Bilder in die richtige Reihenfolge.

a)

| 3 | 5 | 2 | 4 | 1 |

b)

| 1 | 3 | 5 | 4 | 2 |

c)

| 3 | 1 | 4 | 2 | 5 |

2 Zeichne die fehlenden Bilder.

a)   *   **

| 1 | 2 | 3 | 4 | 5 |

b)

| 2 | 4 | 5 | 1 | 3 |

1 Bringe die 6 Bilder in die richtige Reihenfolge.

| 4 | 6 | 2 |
| 3 | 1 | 5 |

2 Mit welchem Bild kannst du die Reihe sinnvoll fortsetzen? Kreuze an.

a)

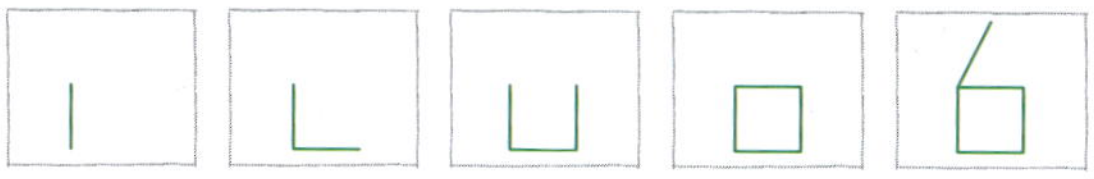

☐   ☒   ☐

b)

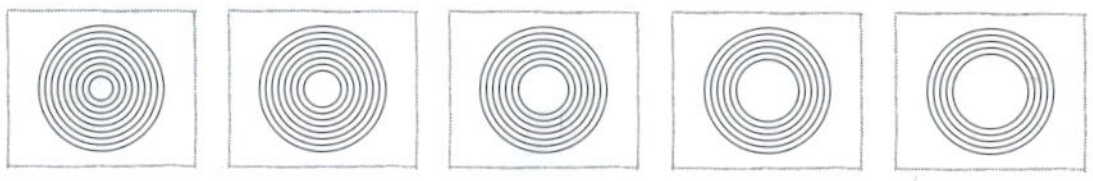

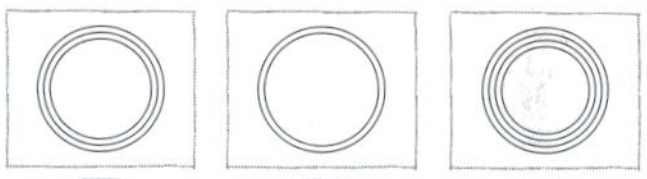

☐   ☐   ☒

2 🕐   3 🕐

Seriation
* gelb oder braun
** türkis oder grün

Seriation

---

1 Welcher Stift ist länger? Kreuze an.

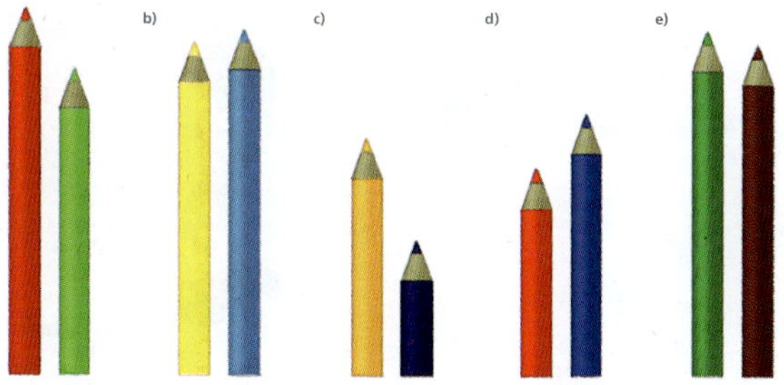

a) ☒ ☐   b) ☐ ☒   c) ☒ ☐   d) ☐ ☒   e) ☒ ☐

2 Welcher Gegenstand ist kürzer? Kreuze an.

a) ☐ / ☒

b) ☒ / ☐

c) ☒ / ☐

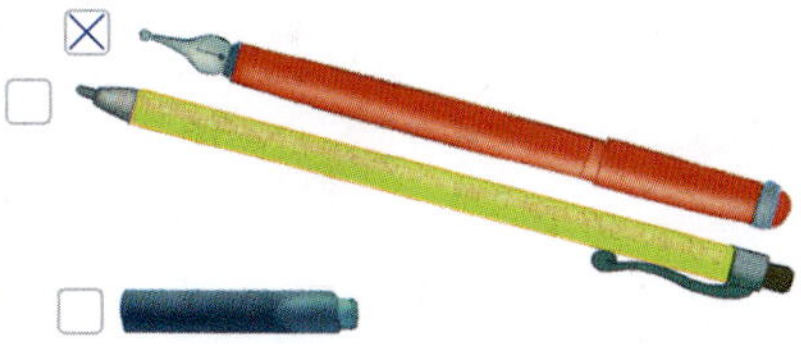

d) ☐ / ☒

e) ☐ / ☒

f) ☒ / ☐

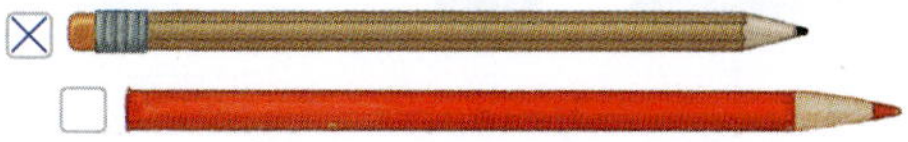

> Ich messe den Kugelschreiber und den Filzstift mithilfe eines Papierstreifens.

1 Vergleiche die Längen der abgebildeten Gegenstände mithilfe eines Papierstreifens.

a) Richtig oder falsch? Schreibe ✓ für richtig und ✗ für falsch.

Der Kleber ist länger als der Pinsel. ☒

Der Textmarker ist kürzer als die bunte Stange. ✓

Der Pinsel ist genauso lang wie die bunte Stange. ☒

Der Radiergummi ist länger als die bunte Stange. ☒

b) Setze ein: ist länger als   ist kürzer als   ist genauso lang wie

Die Pinnnadel _ist genauso lang wie_ die Spielfigur.

Der Würfel _ist kürzer als_ die Spielfigur.

Der Pinsel _ist länger als_ der Kleber.

Der Kleber _ist genauso lang wie_ die bunte Stange.

4 🕐   5 🕐

Längen – direkter Vergleich

Längen – indirekter Vergleich

Das Übungsheft Größen Mathematik 1/2 – Lösungen (Seite 6–9)

1 Bringe die Pinsel in die richtige Reihenfolge.
Beginne mit dem kürzesten Pinsel.

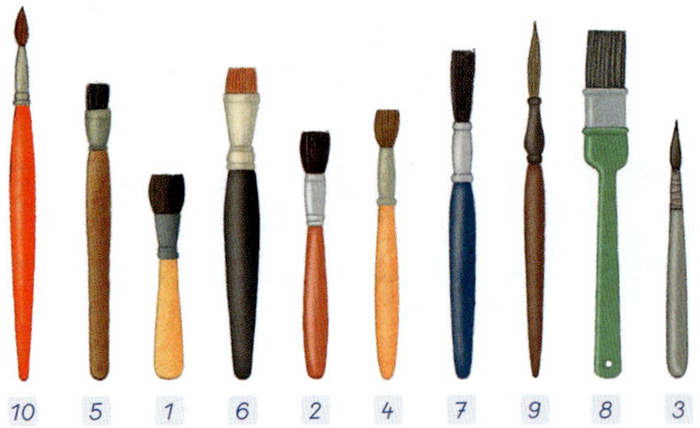

10 5 1 6 2 4 7 9 8 3

2 Vergleiche die Längen mithilfe eines Papierstreifens.
Beginne mit dem längsten Radiergummi.

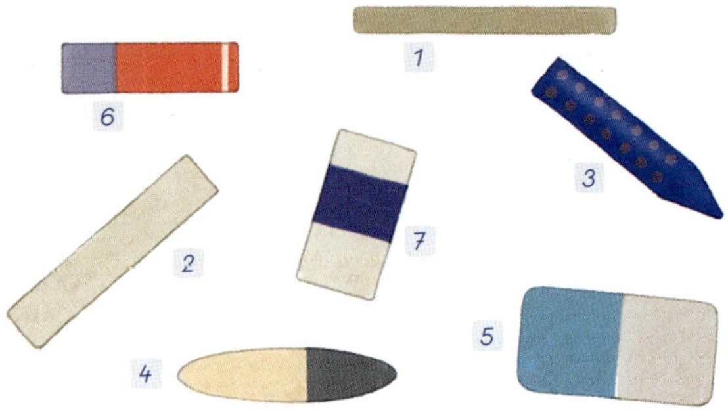

1

6

3

7

2

5

4

1 Wie lang sind die farbigen Streifen? Zähle in Kästchen.

= 4   = 2   = 5   = 8   = 6
= 7   = 10   = 13   = 12   = 3

2 Ordne die Schlangen nach ihrer Länge. Beginne mit der kürzesten Schlange.

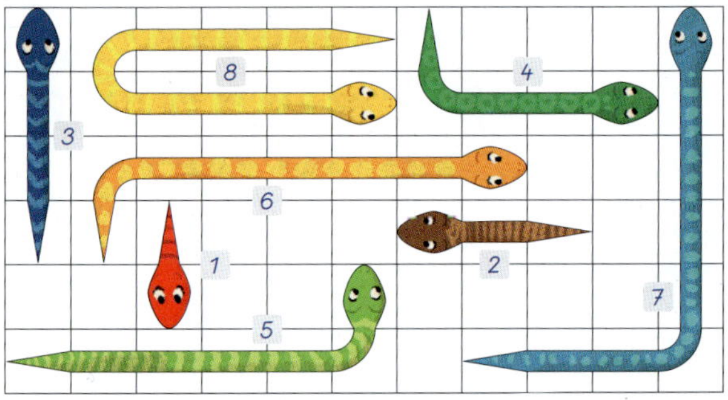

8   4
3
6
1   2
5   7

1 Welcher Gegenstand ist leicht? Welcher Gegenstand ist schwer? Verbinde.

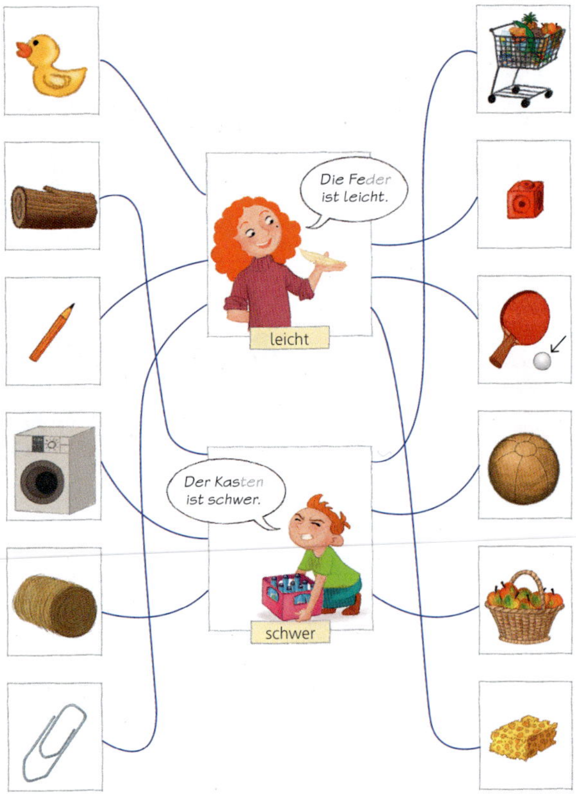

Die Feder
ist leicht.

leicht

Der Kasten
ist schwer.

schwer

1 Kreuze immer an, was schwerer ist.

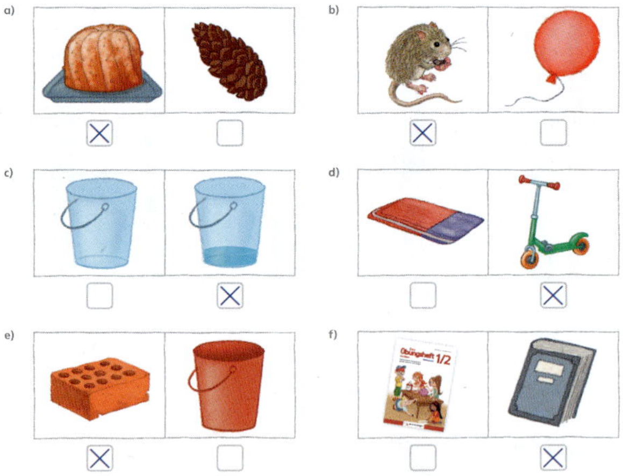

a) ☒ ☐   b) ☒ ☐

c) ☐ ☒   d) ☐ ☒

e) ☒ ☐   f) ☐ ☒

2 Welches Steckwürfelgebäude ist leichter? Kreuze an.

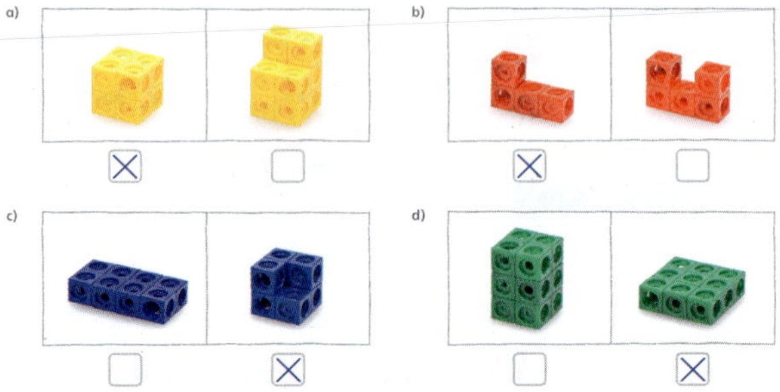

a) ☒ ☐   b) ☒ ☐

c) ☐ ☒   d) ☐ ☒

1 Verbinde die Münzen mit dem richtigen Wert. `1 Cent = 1 ct`

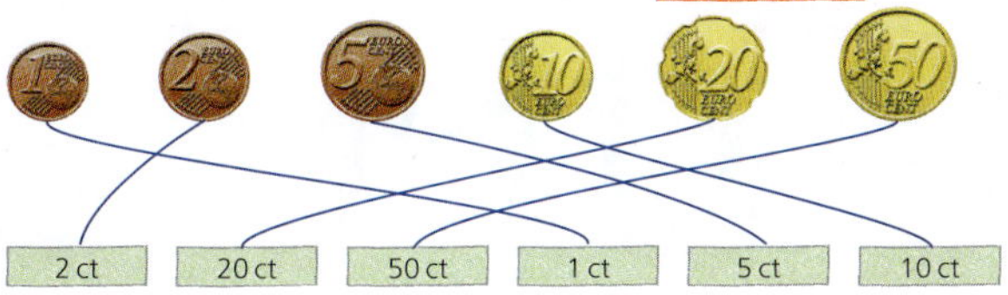

| 2 ct | 20 ct | 50 ct | 1 ct | 5 ct | 10 ct |

2 Verbinde die Münzen und Scheine mit dem richtigen Wert. `1 Euro = 1 €`

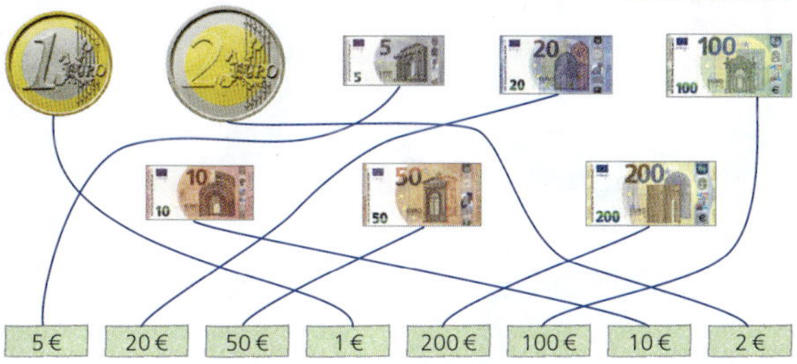

| 5 € | 20 € | 50 € | 1 € | 200 € | 100 € | 10 € | 2 € |

3 Welche Münzen und Scheine gibt es nicht?
Streiche falsche Münzen und Scheine durch.

1 Was kostet nur einige Cent? Was kostet einige Euro?
Schreibe ct für Cent und € für Euro.

| € | ct | ct | € |
| € | € | ct | ct |

2 Finde weitere Gegenstände, die einige Euro oder einige Cent kosten.
Trage in die Tabelle ein. *

Gegenstand	einige Euro	einige Cent
Buch	X	
Lolli		X

* Die Lösung ist individuell.

1 Wie viel Cent sind es?

| 8 ct | 15 ct | 9 ct |
| 11 ct | 17 ct | 20 ct |

2 Wie viel Euro sind es?

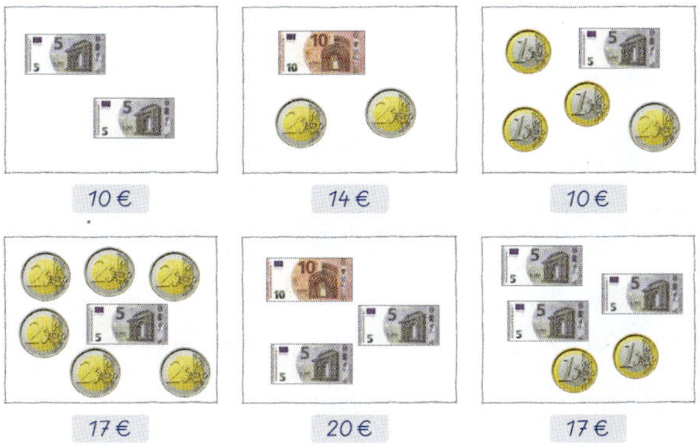

| 10 € | 14 € | 10 € |
| 17 € | 20 € | 17 € |

1 Mit welchen Münzen und Scheinen kannst du bezahlen? Kreise ein. *

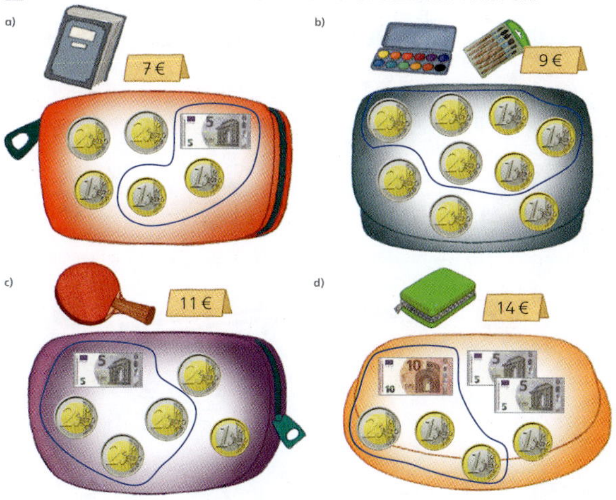

a) 7 €
b) 9 €
c) 11 €
d) 14 €

2 Immer 14 Cent. Trage passende Werte in die Münzen ein.

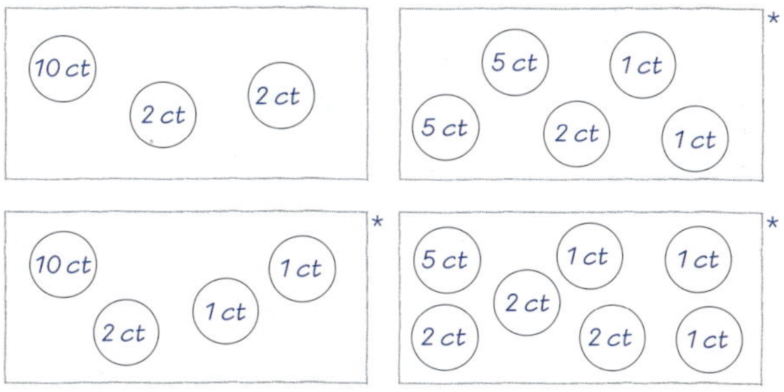

| 10 ct   2 ct   2 ct | 5 ct   1 ct   5 ct   2 ct   1 ct *|
| 10 ct   1 ct   2 ct   1 ct * | 5 ct   1 ct   1 ct   2 ct   2 ct   2 ct   1 ct *|

* Beispiellösung: Andere Stückelungen sind möglich.

Das Übungsheft Größen Mathematik 1/2 – Lösungen (Seite 14–17)

Seite 14

1 Kreise immer 10 ct ein. *

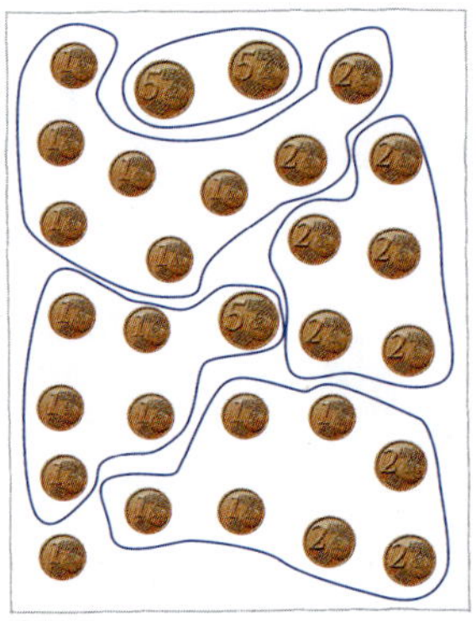

2 Kreise immer 10 € ein. *

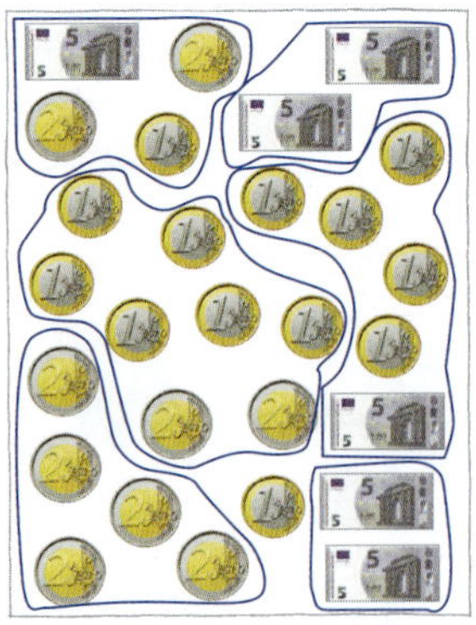

3 Wie bezahlst du? Zeichne. *

11 ct
5 ct 5 ct 1 ct

17 ct
10 ct 1 ct 5 ct 1 ct

9 €
2 € 2 € 1 € 2 € 2 €

18 €
10 € 5 € 2 € 1 €

Geld – Darstellung von kleinen Beträgen
* Beispiellösung: Andere Stückelungen sind möglich.

Seite 15

1 Wie viel Geld bleibt übrig? Streiche durch und zeichne.

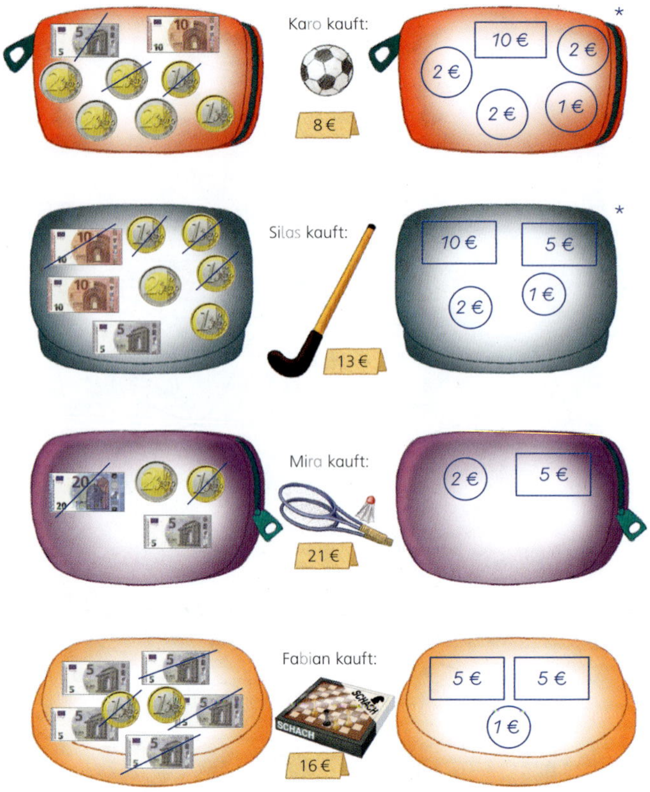

Karo kauft: ⚽ 8 € — 10 € 2 € 2 € 1 € *

Silas kauft: 🏑 13 € — 10 € 5 € 2 € 1 € *

Mira kauft: 🏸 21 € — 2 € 5 €

Fabian kauft: ♟ SCHACH 16 € — 5 € 5 € 1 €

Geld – Bezahlvorgänge
* Beispiellösung: Andere Stückelungen sind möglich.

Seite 16

1 Wie viel kostet es zusammen?

7 € 3 € — Es kostet **10 €** zusammen.

11 € 2 € — Es kostet **13 €** zusammen.

9 € 6 € — Es kostet **15 €** zusammen.

7 € 13 € — Es kostet **20 €** zusammen.

9 € 8 € — Es kostet **17 €** zusammen.

15 € 7 € — Es kostet **22 €** zusammen.

2 Wie viel Euro bekommst du zurück?

7 € 10 € — Ich bekomme **3 €** zurück.

12 € 20 € — Ich bekomme **8 €** zurück.

9 € 20 € — Ich bekomme **11 €** zurück.

11 € — Ich bekomme **4 €** zurück.

16 € — Ich bekomme **1 €** zurück.

13 € — Ich bekomme **2 €** zurück.

Geld – Bezahlvorgänge

Seite 17

1 Wechsle die Münzen. Verbinde.

Kannst du mir die 20 ct in zwei 10-ct-Münzen wechseln?

2 Wechsle die Münzen und Scheine. Verbinde.

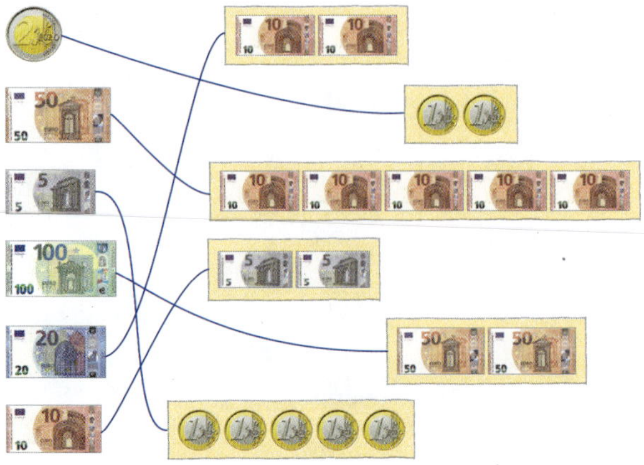

Geld – Geld wechseln

Ein Kästchen ist genau 1 Zentimeter lang.

1 Zentimeter = 1 cm

Der Füller ist genauso lang wie 14 Kästchen. Also ist der Füller 14 cm lang.

1 Miss mit den Einern aus. Wie viel Zentimeter sind es?

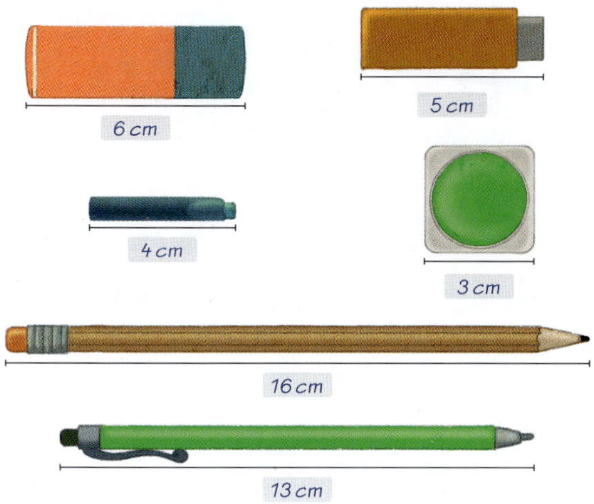

6 cm

5 cm

4 cm

3 cm

16 cm

13 cm

2 Miss die Strecken mit den farbigen Streifen aus. Trage die Maße in die Tabelle ein.

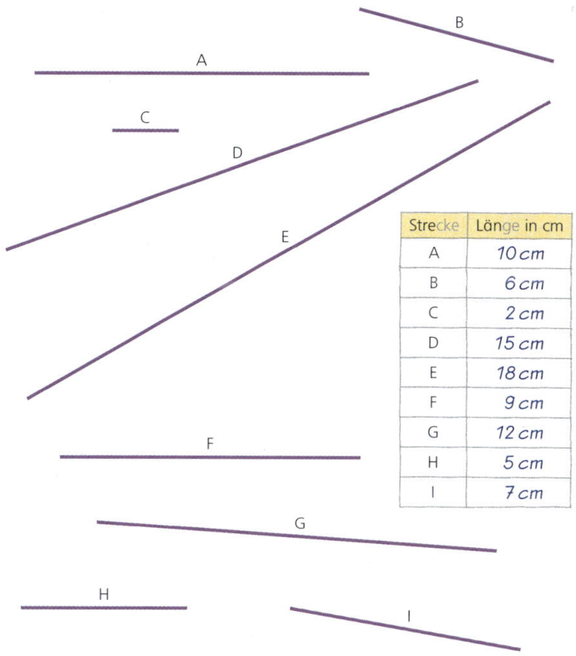

A
B
C
D
E
F
G
H
I

Strecke	Länge in cm
A	10 cm
B	6 cm
C	2 cm
D	15 cm
E	18 cm
F	9 cm
G	12 cm
H	5 cm
I	7 cm

3 Lege 13 cm. Zeichne dann freihand eine Linie mit derselben Länge. *

* Die Lösung ist individuell.

1 Finde verschiedene Möglichkeiten, die weißen Rechtecke auszulegen. Trage deine Ergebnisse in die Tabelle ein. *

a)

–	2	2
1	–	1
–	3	–
–	–	6

b)

–	4	–
1	1	1
1	–	3
–	2	4

c)

1	1	–	–
1	–	1	3
–	3	–	–
–	–	5	5

d)

1	–	–	1
–	2	–	1
–	1	3	–
–	–	5	1

Du musst das Lineal immer bei Null an den Anfang des Gegenstandes legen.

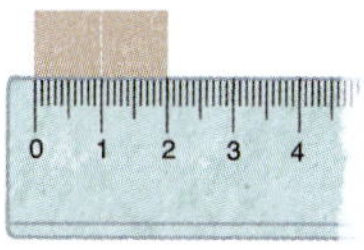

1 Miss die Strecken mit deinem Lineal. Kontrolliere mit den Streifen.

7 cm

4 cm

3 cm

9 cm

14 cm

2 Zeichne die Strecken in der vorgegebenen Länge mit deinem Lineal.

a) 6 cm

b) 8 cm

c) 12 cm

3 Zeichne ein Rechteck, das 4 cm lang und 1 cm breit ist.

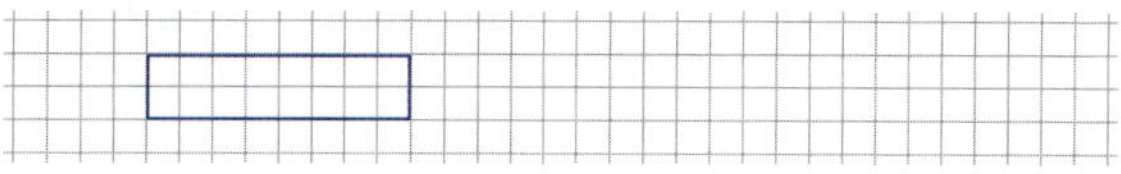

* Beispiellösung: Andere Auslegungen sind möglich.

Das Übungsheft Größen Mathematik 1/2 – Lösungen (Seite 22–25)

1 Miss die Strecken mit den farbigen Streifen. Fülle die Tabelle aus. *

A | B | C | D | E | F | G

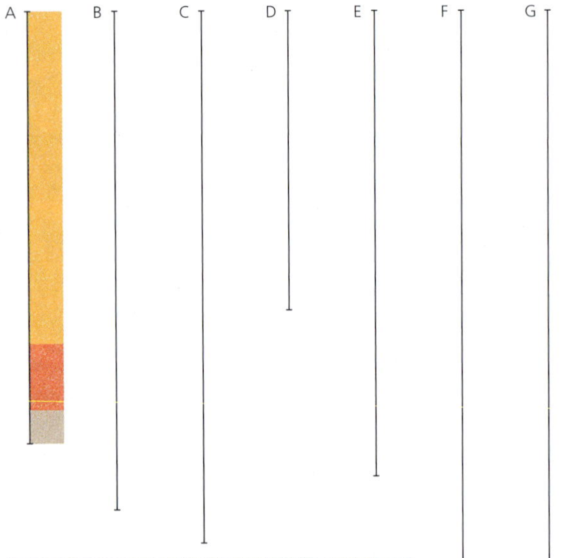

Strecke	Plusaufgabe
A	10 cm + 2 cm + 1 cm = 13 cm
B	10 cm + 5 cm = 15 cm
C	10 cm + 2 cm + 2 cm + 2 cm = 16 cm
D	5 cm + 2 cm + 1 cm + 1 cm = 9 cm
E	10 cm + 2 cm + 2 cm = 14 cm
F	10 cm + 10 cm + 2 cm + 1 cm = 23 cm
G	20 cm + 2 cm = 22 cm

Längen – Längen addieren
* Beispiellösung: Andere Stückelungen sind möglich.

2 Lege die farbigen Streifen aneinander. Rechne zusammen.
Wie viele Zentimeter sind es?

a) 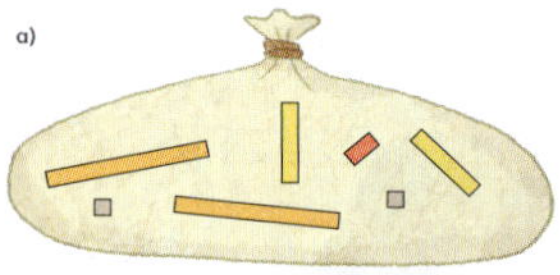 34 cm

b) 67 cm

c) 100 cm

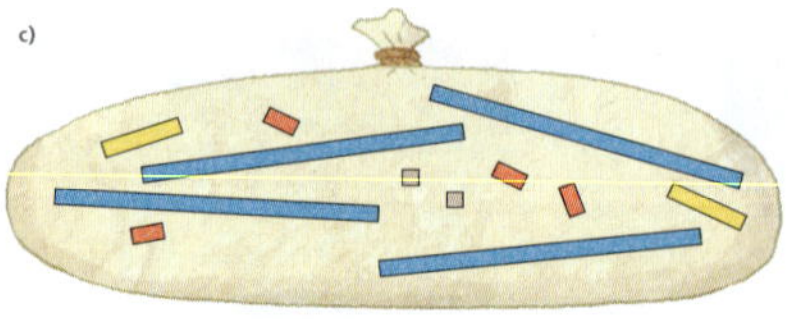

3 Lege die Längen mit den farbigen Streifen.
Finde zu jeder Länge zwei Möglichkeiten. Fülle die Tabelle aus. *

Länge	⬜	🟥	🟨	🟧	🟦
50 cm	–	5	–	4	–
50 cm	–	–	2	2	1
64 cm	4	–	–	–	3
64 cm	–	2	–	6	–
93 cm	3	–	–	1	4
93 cm	1	1	–	9	–

Längen – Längen addieren
* Beispiellösung: Andere Stückelungen sind möglich.

---

1 Bestimme die ungefähren Maße der Gegenstände.
Schätze zuerst. Miss dann mit den farbigen Streifen oder einem Lineal. *

Gegenstand	geschätzt in Zentimeter	gemessen in Zentimeter
Breite der Zimmertür		
Länge des Tafelschwamms		
Länge der Computertastatur		
Länge des Übungshefts		
Breite des Übungshefts		
Höhe einer Packung Milch (1 l)		
Länge einer Nudel (Spaghetti)		

2 Finde eigene Gegenstände und bestimme ihre Größe.
Schätze zuerst. Miss dann mit den farbigen Streifen oder einem Lineal. *

Gegenstand	geschätzt in Zentimeter	gemessen in Zentimeter

3 Welche Länge passt ungefähr? Verbinde.

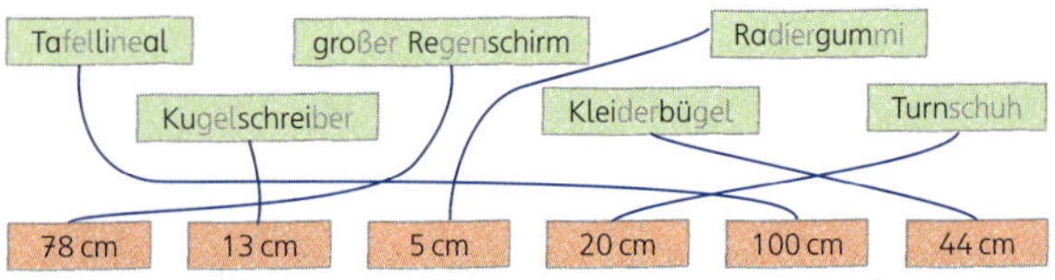

Tafellineal | großer Regenschirm | Radiergummi

Kugelschreiber | Kleiderbügel | Turnschuh

78 cm | 13 cm | 5 cm | 20 cm | 100 cm | 44 cm

Längen – Längen schätzen und messen
* Die Lösungen sind individuell.

1 Miss die Länge der Teilstrecken und bestimme die Gesamtlänge
der Strecke. Benutze die farbigen Streifen oder dein Lineal.

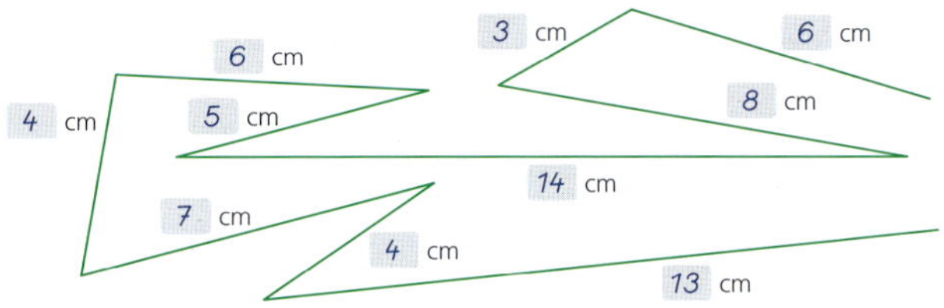

6 cm | 3 cm | 6 cm
4 cm | 5 cm | 8 cm
7 cm | 14 cm
4 cm | 13 cm

Die Gesamtstrecke ist **70** cm lang.

2 Zeichne eine Strecke mit den Teilstrecken: 12 cm, 9 cm und 15 cm.
Wie lang ist die Gesamtstrecke?

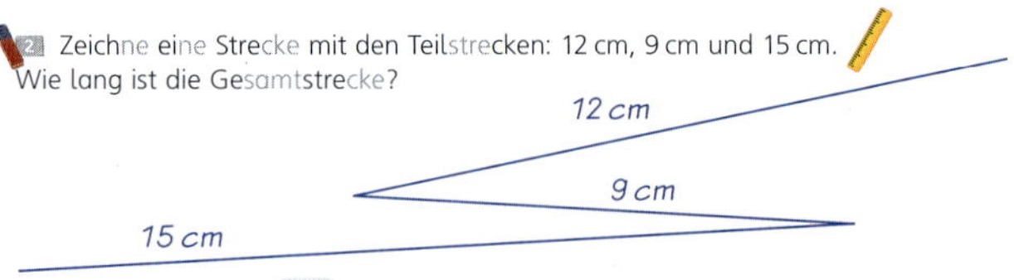

12 cm
9 cm
15 cm

Die Gesamtstrecke ist **36** cm lang.

3 Ergänze die fehlenden Angaben.

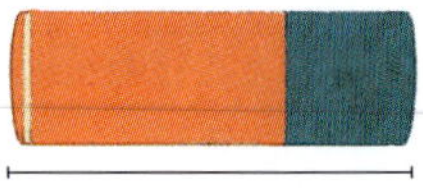

a) Tills Füller ist doppelt so lang wie
sein Radiergummi. Der Füller ist **12** cm lang.

b) Till legt seinen Radiergummi und seinen großen Pinsel aneinander.
Zusammen sind sie 30 cm lang. Tills Pinsel ist **24** cm lang.

c) Tills Regal ist 11-mal so lang wie sein Radiergummi.
Er muss also **11** Radiergummis aneinanderlegen, damit er die Länge
des Regals erhält. Das Regal ist **66** cm lang.

d) Das Tafellineal ist genau 100 cm lang. Till legt 16 Radiergummis
aneinander. Es fehlen noch **4** cm bis 100 cm.

Längen – Rechnen mit Längen

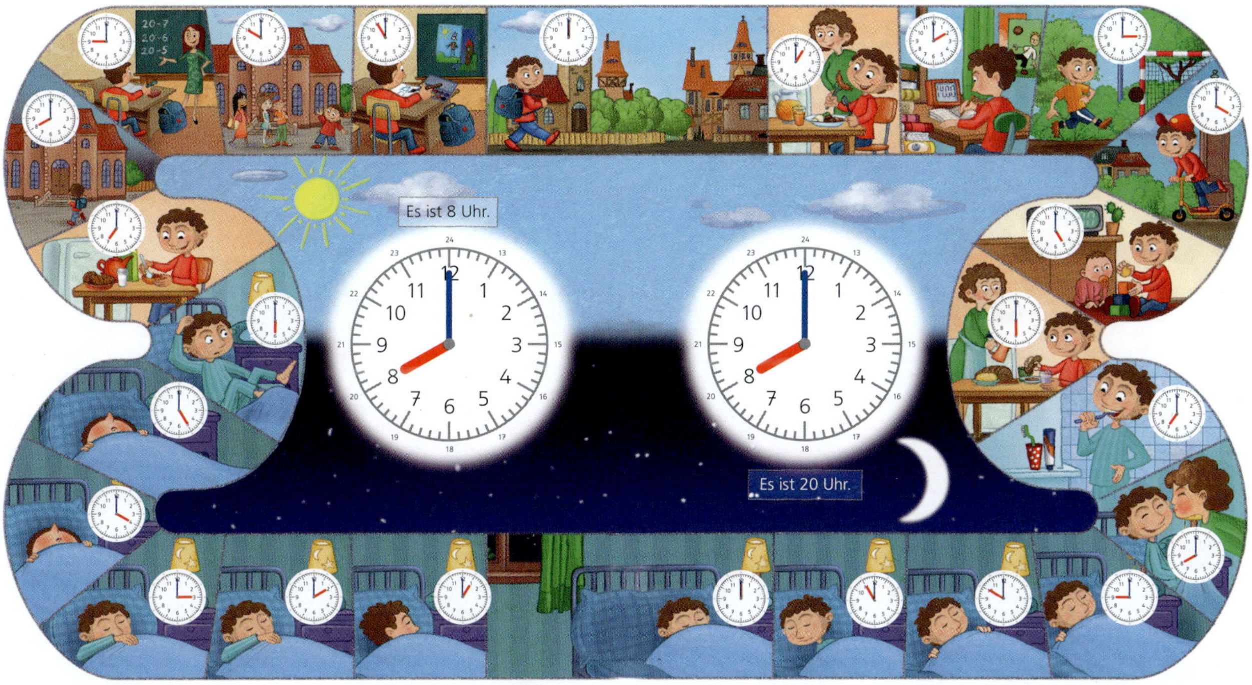
Es ist 8 Uhr.
Es ist 20 Uhr.

1 Zeichne die fehlenden Zeiger oben in die Uhren ein.

2 Welches Bild passt zur Uhrzeit? Kreuze an.

a) b) c) d)

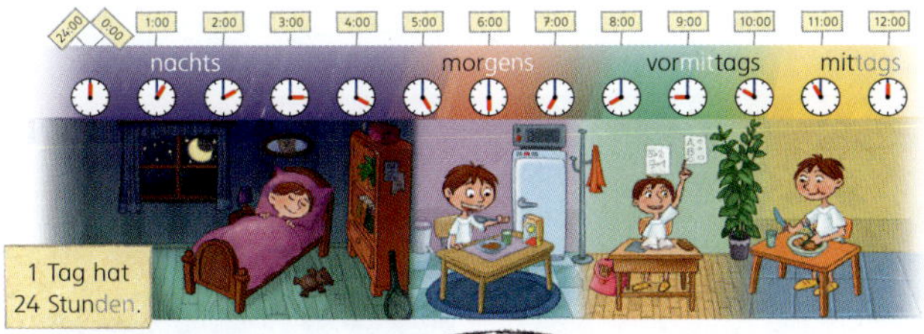
24:00 0:00 1:00 2:00 3:00 4:00 5:00 6:00 7:00 8:00 9:00 10:00 11:00 12:00
nachts
morgens
vormittags
mittags
1 Tag hat 24 Stunden.

Wie viel Uhr ist es?

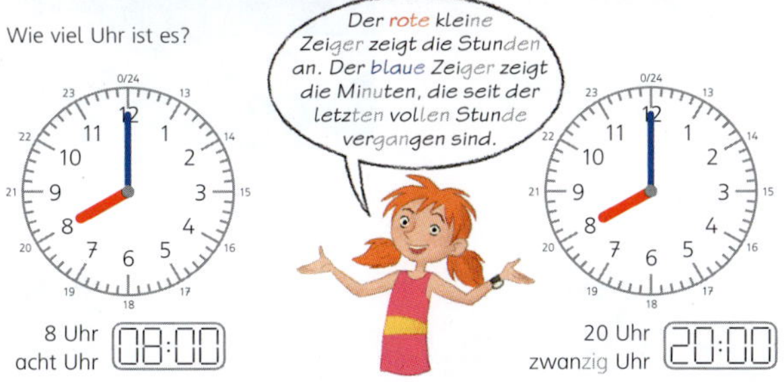
Der rote kleine Zeiger zeigt die Stunden an. Der blaue Zeiger zeigt die Minuten, die seit der letzten vollen Stunde vergangen sind.
8 Uhr
acht Uhr
08:00
20 Uhr
zwanzig Uhr
20:00

1 Schreibe immer beide Uhrzeiten auf.

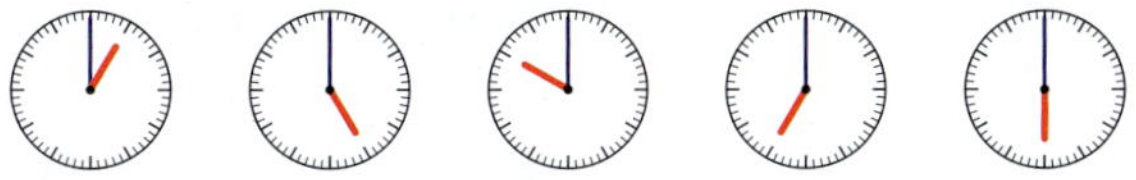

1 Uhr	5 Uhr	10 Uhr	7 Uhr	6 Uhr
13 Uhr	17 Uhr	22 Uhr	19 Uhr	18 Uhr

2 Immer zwei Uhrzeiten sehen auf der Uhr gleich aus.
Färbe die zusammengehörigen Kärtchen in derselben Farbe.

9 Uhr 22 Uhr 4 Uhr 10 Uhr 16 Uhr 21 Uhr

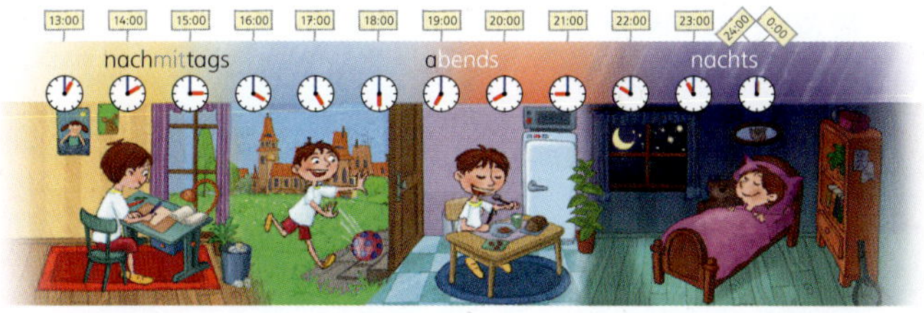
13:00 14:00 15:00 16:00 17:00 18:00 19:00 20:00 21:00 22:00 23:00 24:00 0:00
nachmittags
abends
nachts

3 Verbinde.

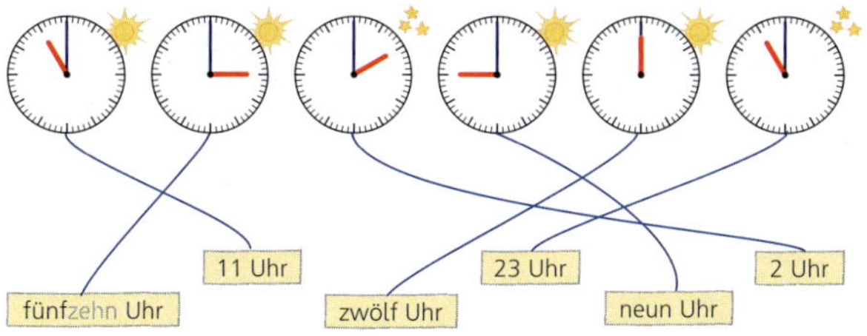
11 Uhr
23 Uhr
2 Uhr
fünfzehn Uhr
zwölf Uhr
neun Uhr

4 Zeichne die Zeiger ein.

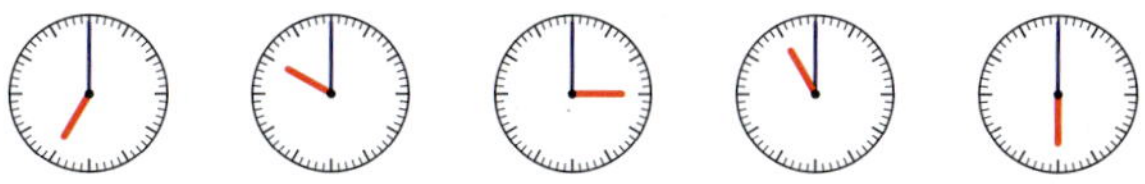

7 Uhr 22 Uhr 3 Uhr 11 Uhr 6 Uhr

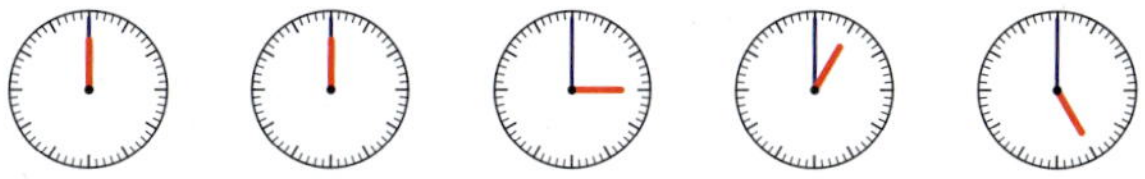

12 Uhr 0 Uhr 15 Uhr 1 Uhr 17 Uhr

Das Übungsheft Größen Mathematik 1/2 – Lösungen (Seite 30–33)

Seite 30

1 Wie viel Cent sind es?

38 ct   50 ct   69 ct

73 ct   98 ct   100 ct *

2 Wie viel Euro sind es?

77 €   56 €   80 €

63 €   91 €   62 €

Geld – Geldbeträge ermitteln
* oder 1 €

Seite 31

1 Wie bezahlst du? Zeichne. *

87 ct: 50 ct, 20 ct, 10 ct, 5 ct, 2 ct

87 €: 50 €, 20 €, 10 €, 5 €, 2 €

2 Wie viele Kugeln Eis kann Luisa kaufen? Kreise immer 70 ct ein.

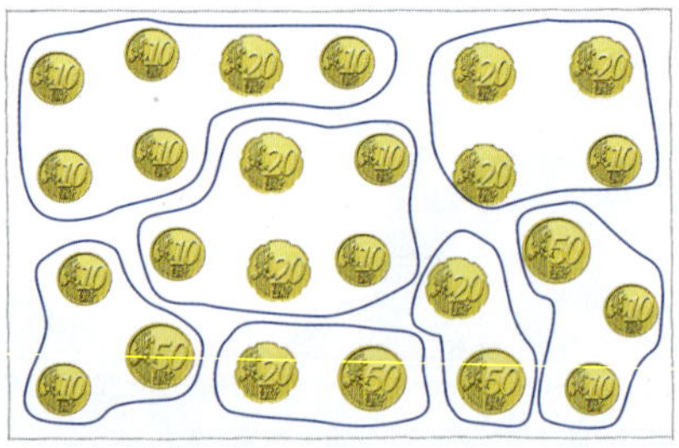

1 Kugel 70 ct

Luisa kann **7** Kugeln Eis kaufen.

3 Wechsle in kleinere Münzen. Finde verschiedene Möglichkeiten. *

	1 ct	2 ct	5 ct	10 ct	20 ct
50 ct	5	–	1	–	2
50 ct	–	–	–	5	–
50 ct	–	5	8	–	–
50 ct	10	–	2	1	1

Geld – Geldbeträge zusammenstellen
* Beispiellösung: Andere Stückelungen sind möglich.

Seite 32

1 Wie viel kostet es ungefähr? Kreuze an.

- ☐ 8 ct ☒ 8 € ☐ 80 €
- ☒ 64 € ☐ 12 € ☐ 97 ct
- ☐ 30 ct ☒ 3 € ☐ 10 €
- ☐ 45 € ☐ 4 € ☒ 45 ct

2 Wie viel könnten die Gegenstände kosten? Verbinde.

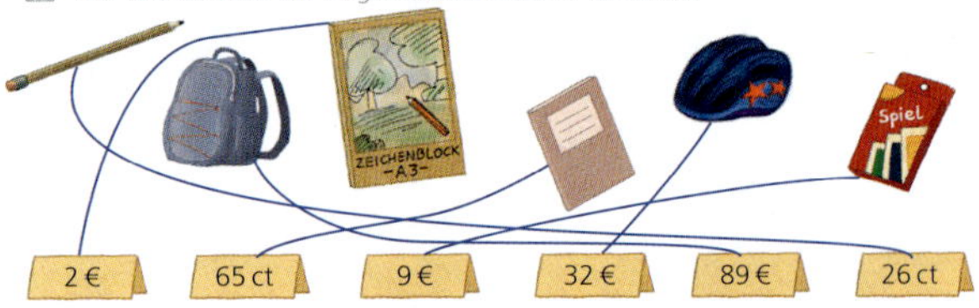

2 €   65 ct   9 €   32 €   89 €   26 ct

3 Wie bezahlst du? Finde immer drei verschiedene Möglichkeiten. Kreuze an. *

	1 €	2 €	5 €	10 €	20 €	50 €
78 €	–	4	–	–	1	1
78 €	8	–	–	7	–	–
78 €	1	1	1	1	3	–
32 €	30	1	–	–	–	–
32 €	2	–	–	1	1	–
32 €	–	1	–	3	–	–
99 €	–	2	1	–	2	1
99 €	–	2	1	9	–	–
99 €	99	–	–	–	–	–

Geld – Größenvorstellungen ausbilden
* Beispiellösung: Andere Stückelungen sind möglich.

Seite 33

1 Ordne die Geldbeutel nach ihrem Inhalt. Beginne mit dem Beutel, der am wenigsten Geld enthält.

3   1   2   4

2 Mit welchen Geldbeuteln aus Aufgabe 1 kannst du die Einkäufe bezahlen? Male die Kästchen in der Farbe der Geldbeutel an.

48 € – grün, blau
85 ct – grün, rot, gelb, blau
12 € – grün, blau
4 € – grün, gelb, blau
67 € – blau
99 ct – grün, gelb

Geld – Geldbeträge ordnen und vergleichen

Das Übungsheft Größen Mathematik 1/2 – Lösungen (Seite 34–37)

Seite 34

1 So bastelst du dir deinen Uhrzeitenstreifen:

Du brauchst dafür:
- Beilage 2 aus diesem Heft
- Büroklammern
- Stift
- Kleber

1. Trenne die Uhrzeitenstreifen aus der Beilage heraus.
2. Klebe sie in der richtigen Reihenfolge aneinander.
3. Trenne die Kärtchen heraus und knicke die Stecklaschen nach hinten weg.
4. Schreibe weitere wichtige Tätigkeiten auf die leeren weißen Kärtchen.
5. Jetzt kannst du die Kärtchen auf den Uhrzeitenstreifen stecken.

2 Kann das stimmen? Kreuze an.

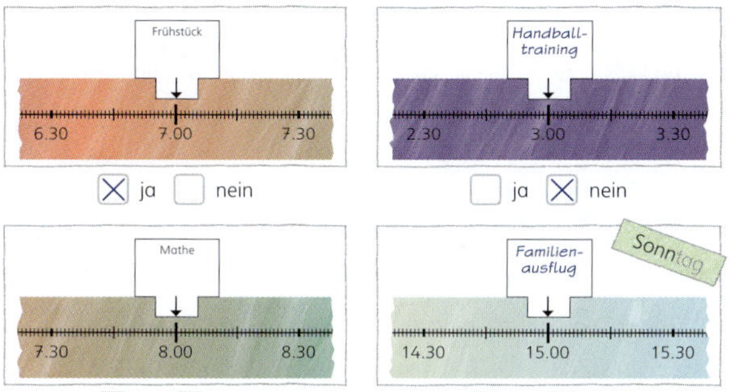

Frühstück — 6.30 7.00 7.30 — ☒ ja ☐ nein

Handballtraining — 2.30 3.00 3.30 — ☐ ja ☒ nein

Mathe — 7.30 8.00 8.30 — ☒ ja ☐ nein

Familienausflug — 14.30 15.00 15.30 — *Sonntag* — ☒ ja ☐ nein

34 — Uhr – Einführung des Uhrzeitenstreifens

Seite 35

Wie lange dauert es von 13 Uhr bis 15 Uhr?

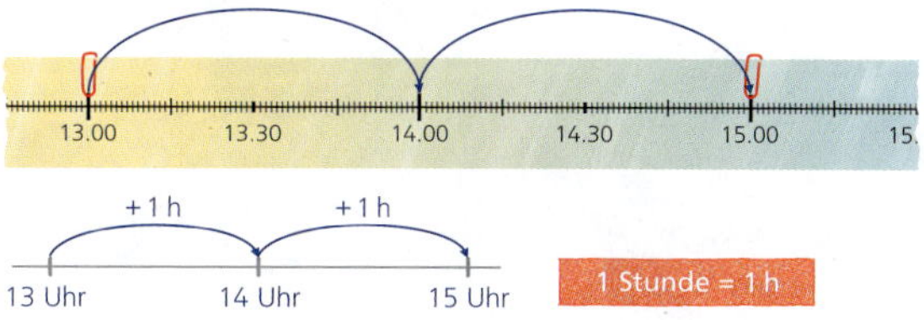

13.00 13.30 14.00 14.30 15.00 15.

+1 h   +1 h

13 Uhr   14 Uhr   15 Uhr

1 Stunde = 1 h

Es dauert 2 h.

1 Wie lange dauert es?
Berechne mit dem Uhrzeitenstreifen und zeichne ein. *

a) Wie lange dauert es von 12 Uhr bis 17 Uhr?

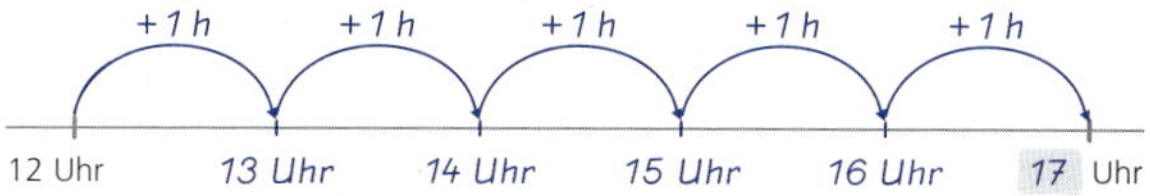

+1 h +1 h +1 h +1 h +1 h

12 Uhr *13 Uhr* *14 Uhr* *15 Uhr* *16 Uhr* 17 Uhr

Es dauert 5 h.

b) Wie lange dauert es von 6 Uhr bis 12 Uhr?

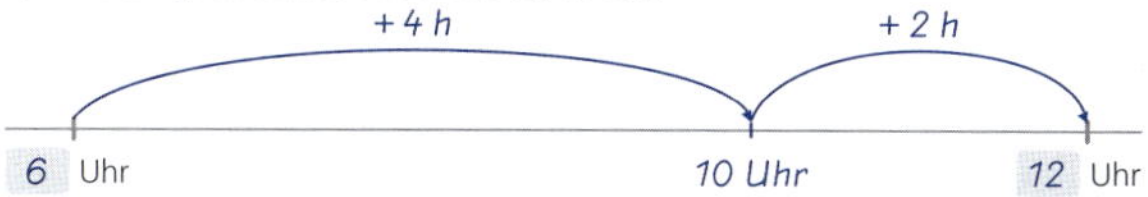

+4 h   +2 h

6 Uhr   *10 Uhr*   12 Uhr

Es dauert 6 h.

c) Wie lange dauert es von 8 Uhr bis 20 Uhr?

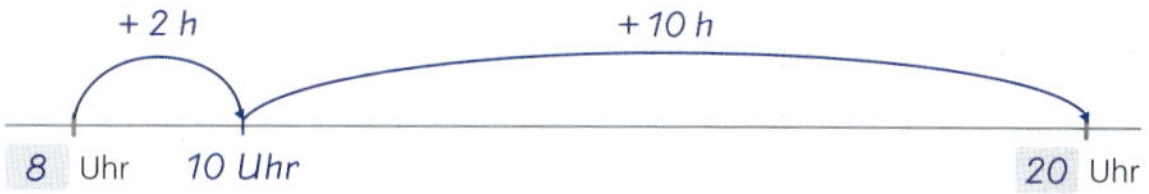

+2 h   +10 h

8 Uhr   *10 Uhr*   20 Uhr

Es dauert 12 h.

35 — Uhr – Zeitspannen ermitteln
* Beispiellösung: Andere Einteilungen sind möglich.

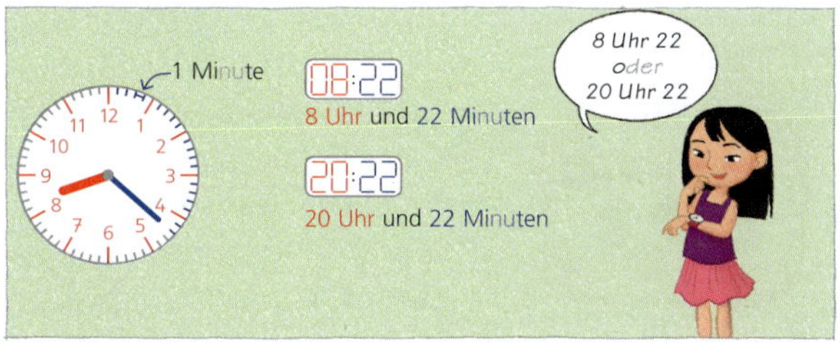

Seite 36

1 Minute — 08:22 — 8 Uhr und 22 Minuten
20:22 — 20 Uhr und 22 Minuten

8 Uhr 22 oder 20 Uhr 22

1 Wie viel Uhr ist es? Verbinde.

23:07
09:18

- 21 Uhr und 8 Minuten
- 23 Uhr und 7 Minuten
- 6 Uhr und 10 Minuten
- 9 Uhr und 18 Minuten
- 5 Uhr und 31 Minuten
- 19 Uhr und 30 Minuten
- 11 Uhr und 47 Minuten
- 15 Uhr und 25 Minuten

15:25
19:30

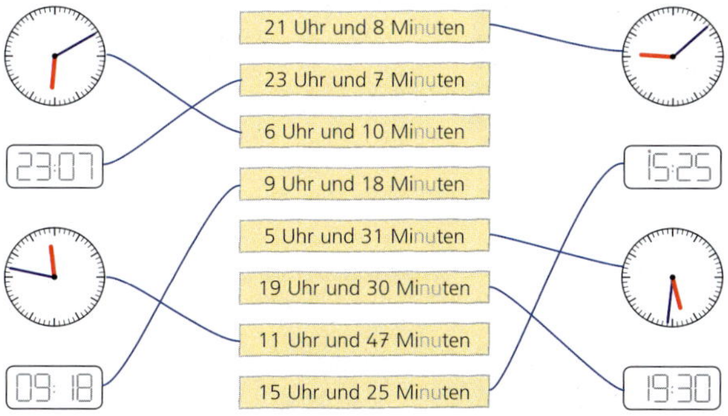

2 Hier siehst du Uhrzeiten innerhalb von einer Stunde.
Bringe die Uhren in die richtige Reihenfolge.

6   1   4   7   2   5   3

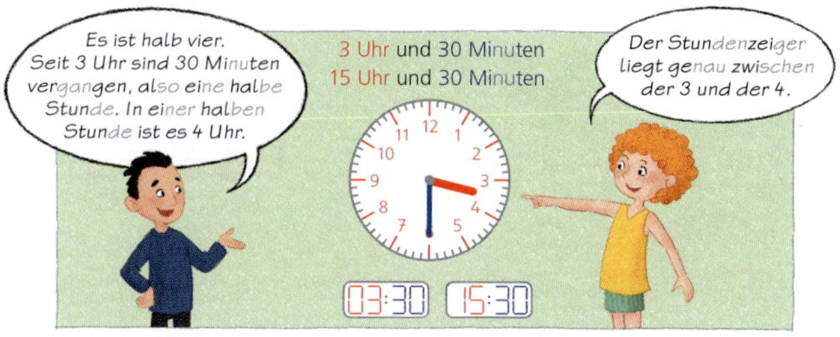

36 — Uhr – Stunden und Minuten

Seite 37

Es ist halb vier. Seit 3 Uhr sind 30 Minuten vergangen, also eine halbe Stunde. In einer halben Stunde ist es 4 Uhr.

3 Uhr und 30 Minuten
15 Uhr und 30 Minuten

Der Stundenzeiger liegt genau zwischen der 3 und der 4.

03:30 15:30

1 Wie viel Uhr ist es? Verbinde.

halb eins   halb zwei   halb sieben
halb fünf   halb zwölf   halb zehn

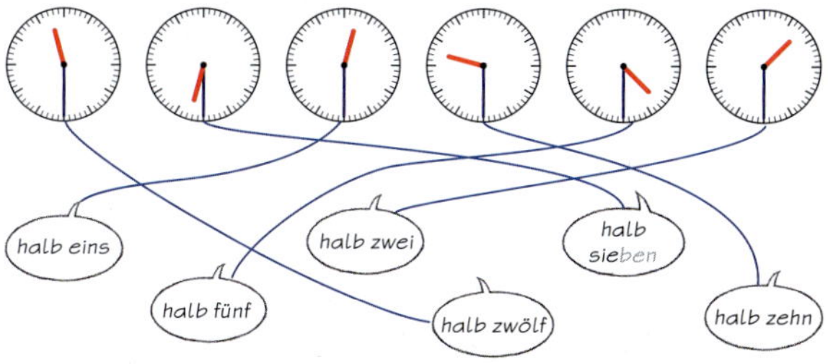

2 Welche Aussagen sind richtig? Kreuze an.

a)
- Es ist halb 1. ☐
- Es ist halb 2. ☒
- In 30 Minuten ist es 2 Uhr. ☒

b)
- Es ist halb 7. ☐
- Es ist halb 6. ☒
- Vor 30 Minuten war es 5 Uhr. ☒

c)
- Es ist halb 11. ☒
- Es ist halb 12. ☐
- In 30 Minuten ist es 10 Uhr. ☐

37 — Uhr – Uhrzeiten mit halben Stunden

1 Wie viel müssen die Kinder bezahlen?

a) Lena kauft die Blockflöte und das Buch.

| 5 € | + | 7 € | = | 1 | 2 € |

Lena muss _12_ € bezahlen.

b) Paul kauft das Einrad und den Fahrradhelm.

| 5 | 6 € | + | 2 | 6 € | = | 8 | 2 € |

Paul muss _82_ € bezahlen.

c) Markus kauft die Gitarre und den Rucksack.

| 3 | 8 € | + | 1 | 1 € | = | 4 | 9 € |

Markus muss _49_ € bezahlen.

d) Ida kauft den Tennisschläger und das Schachspiel.

| 2 | 4 € | + | 2 | 2 € | = | 4 | 6 € |

Ida muss _46_ € bezahlen.

e) Ella kauft das Federballspiel und das Auto.

| 1 | 3 € | + | 8 € | = | 2 | 1 € |

Ella muss _21_ € bezahlen.

f) Julian kauft das Puzzle und die Schwimmflossen.

| 4 € | + | 1 | 7 € | = | 2 | 1 € |

Julian muss _21_ € bezahlen.

---

2 Wie viel Rückgeld bekommen die Kinder?

a) Laura kauft das Federballspiel und den Stoffhund.

Sie bezahlt mit:

| 1 | 3 € | + | 4 € | = | 1 | 7 € |
| 5 | 0 € | − | 1 | 7 € | = | 3 | 3 € |

Laura bekommt _33_ € zurück.

b) Tom kauft das Spielzeugauto und die Schwimmflossen.

Er bezahlt mit:

| 8 € | + | 1 | 7 € | = | 2 | 5 € |
| 4 | 0 € | − | 2 | 5 € | = | 1 | 5 € |

Tom bekommt _15_ € zurück.

c) Ali kauft die Inliner und die Lupe.

Er bezahlt mit:

| 3 | 5 € | + | 7 € | = | 4 | 2 € |
| 5 | 0 € | − | 4 | 2 € | = | | 8 € |

Ali bekommt _8_ € zurück.

d) Bea kauft den Roller und den MP3-Player.

Sie bezahlt mit:

| 4 | 5 € | + | 4 | 6 € | = | 9 | 1 € |
| 1 | 0 | 0 € | − | 9 | 1 € | = | 9 € |

Bea bekommt _9_ € zurück.

3 *

a) Welche drei Gegenstände kaufst du auf dem Schulflohmarkt?

Ich kaufe: _Teddy, Stifte und Wecker_

b) Wie viel kosten deine drei Gegenstände zusammen?

| 4 € | + | 3 € | + | 2 € | = | 9 € |

Die drei Gegenstände kosten zusammen _9_ €.

c) Mit welchem Geldschein bezahlst du? Ich bezahle mit: 10 €

d) Wie viel Rückgeld bekommst du? | 1 | 0 € | − | 9 € | = | 1 € |

Ich bekomme _1_ € zurück.

---

1 Euro = 100 Cent

1 €

1 €   1 €   1 €

1 Wie viele Euro sind es? Bündle, wenn möglich. *

_10_ €

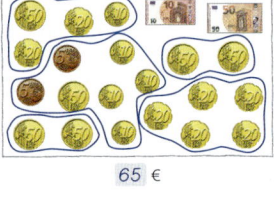

_65_ €

2 Wie viele Euro und Cent sind es? Beachte: 100 Cent = 1 Euro.

_24_ € _6_ ct

_63_ € _14_ ct

_66_ € _35_ ct

_10_ € _1_ ct

---

1 Schreibe auf, wie viel Geld es ist. Kreuze dann an, welche Geldbeträge du wegnehmen kannst.

a)

_6_ € _66_ ct

Ich kann 5 € 1 ct wegnehmen. ☒
Ich kann 5 € 2 ct wegnehmen. ☐
Ich kann 2 € 12 ct wegnehmen. ☐
Ich kann 1 € 60 ct wegnehmen. ☒
Ich kann 6 € 10 ct wegnehmen. ☒

b)

_6_ € _66_ ct

Ich kann 5 € 1 ct wegnehmen. ☐
Ich kann 5 € 2 ct wegnehmen. ☐
Ich kann 2 € 12 ct wegnehmen. ☒
Ich kann 1 € 60 ct wegnehmen. ☐
Ich kann 6 € 10 ct wegnehmen. ☒

2 Zeichne das Geld so, dass du den angegebenen Betrag wegnehmen kannst. *

2 € 38 ct

Ich nehme weg: 1 € 20 ct

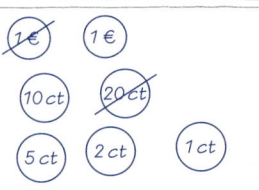

Es bleiben _1_ € _18_ ct übrig.

8 € 1 ct

Ich nehme weg: 5 € 10 ct

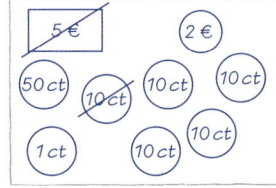

Es bleiben _2_ € _91_ ct übrig.

Das Tafellineal ist genau 1 Meter lang.

1 Meter = 100 Zentimeter
1 m = 100 cm

Das ist 1 Zentimeter. Das Tafellineal ist genau 100 Zentimeter lang.

Der Wollfaden ist jetzt genau 1 Meter lang.

1 Schneide einen Wollfaden ab, der genau 1 m lang ist. Miss damit große Gegenstände. Schreibe die ungefähren Maße in die Tabelle. *

Gegenstand	ungefähre Länge in Meter
Auto	4 m

2 Lege immer 1 Meter. Lege auf unterschiedliche Arten. Trage in die Tabelle ein, wie du gelegt hast. **

1 Meter	4	2	–	–	–
1 Meter	5	–	–	–	–
1 Meter	–	2	10	10	10
1 Meter	2	6	–	–
1 Meter	2	1	10	–

Längen – Meter
* Die Lösung ist individuell.
** Beispiellösung: Andere Stückelungen sind möglich.

Mithilfe dieser Merkgrößen kannst du die Länge oder Breite von Gegenständen abschätzen:

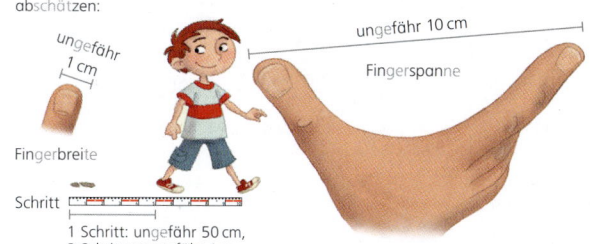

ungefähr 1 cm

ungefähr 10 cm
Fingerspanne

Fingerbreite

Schritt

1 Schritt: ungefähr 50 cm,
2 Schritte: ungefähr 1 m

1 Mit welcher Merkgröße kannst du die Länge des Gegenstands abschätzen? Trage in die Tabellen ein.

Gegenstand	Merkgröße
Bleistift	Fingerspanne
Bus	Schritt
Radiergummi	Fingerbreite

Gegenstand	Merkgröße
Gummibärchen	Fingerbreite
Balkon	Schritt
Mathebuch	Fingerspanne

2 Wie lang oder wie hoch ist es?

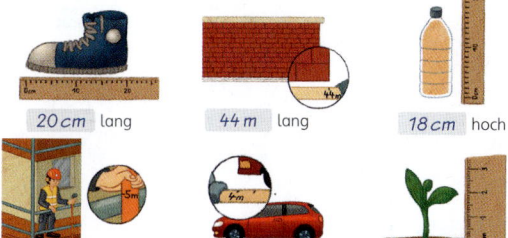

20 cm lang   44 m lang   18 cm hoch

5 m hoch   4 m lang   3 cm hoch

---

1 Ordne die Kinder nach der Größe. Beginne mit dem kleinsten Kind.

Tobias 1 m 35 cm	Benni 132 cm
5	4

Marie 127 cm	Sara 1 m 24 cm
3	1

Fabius 1 m 25 cm	Ella 138 cm
2	6

Du bist 132 cm groß.

Das sind 1 m und 32 cm.

2 Löse auch mit einer Skizze. Tim ist 1 m 37 groß. Paula ist 14 cm größer. Wie groß ist Paula?

+ 10 cm   + 4 cm
1 m 37 cm   1 m 47 cm   1 m 51 cm

Paula ist **1** m **51** cm groß.

3 Schätze, wie lang die Gegenstände sind. Miss dann mit einem Lineal, Maßband oder Meterstab nach. *

Gegenstand	geschätzt	gemessen
Länge der Badewanne		m cm
Breite der Zimmertür		
Länge des Smartphones		
Länge des Betts		
Breite des Übungshefts		
Länge des Übungshefts		
Höhe des Kühlschranks		

---

1 Wie groß sind die Gegenstände in der Wirklichkeit? Setze m für Meter oder cm für Zentimeter ein.

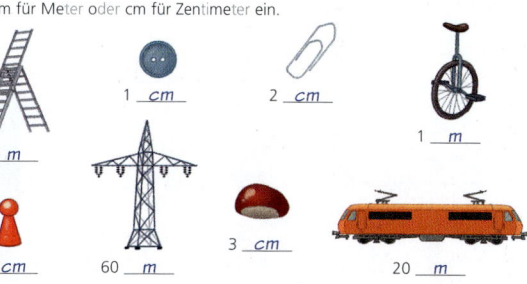

1 cm   2 cm   1 m

7 m

2 cm   60 m   3 cm   20 m

2 Welche Längenangabe passt? Kreuze an.

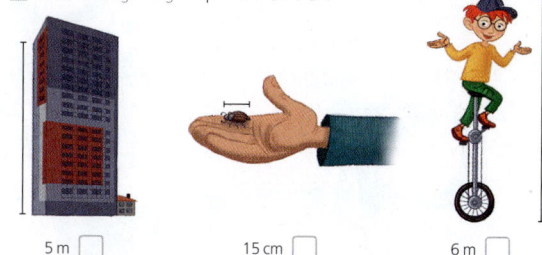

5 m ☐	15 cm ☐	6 m ☐
20 m ☐	3 cm ☒	1 m ☐
100 m ☒	10 cm ☐	2 m ☒

3 Immer 1 Meter. Rechne.

a)
50 cm + **50** cm = 1 m
7 cm + **93** cm = 1 m
98 cm + **2** cm = 1 m
66 cm + **34** cm = 1 m

b)
65 cm + 35 cm = 1 m
88 cm + 12 cm = 1 m
91 cm + 9 cm = 1 m
26 cm + 74 cm = 1 m

08:05	08:15	08:30	08:45	08:52
8 Uhr und 5 Minuten	8 Uhr und 15 Minuten	8 Uhr und 30 Minuten	8 Uhr und 45 Minuten	8 Uhr und 52 Minuten
5 Minuten nach 8 Uhr	eine Viertelstunde nach 8 Uhr	eine halbe Stunde vor 9 Uhr	eine Viertelstunde vor 9 Uhr	8 Minuten vor 9 Uhr
fünf nach acht	Viertel nach acht	halb neun	Viertel vor neun	acht vor neun

1 Immer zwei Kärtchen passen zusammen.
Färbe die Kästchen der zusammengehörigen Kärtchen in derselben Farbe.

17:30 · sieben nach eins · 22:40 · eins vor 3 · 10:45 · eine Viertelstunde vor 11 Uhr · 13:07 · 9 Uhr und 23 Minuten · zwanzig vor elf

Wie lange dauert es von 13.15 Uhr bis 15.10 Uhr?

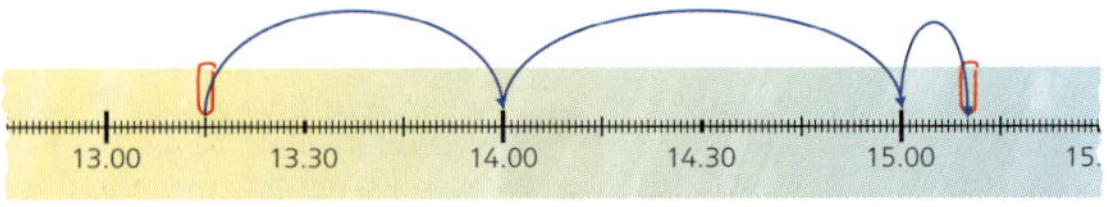

13.00
13.30
14.00
14.30
15.00
15.

+45 min +1 h +10 min

13.15 Uhr 14 Uhr 15 Uhr 15.10 Uhr

1 Stunde = 1 h
1 Minute = 1 min
1 h = 60 min

Es dauert 1 h und 55 min.

1 Wie lange dauert es?
Berechne mit dem Uhrzeitenstreifen und zeichne ein. *

a) Wie lange dauert es von 12.30 Uhr bis 14.20 Uhr?

+ 30 min + 1 h + 20 min

12.30 Uhr 13 Uhr 14 Uhr 14.20 Uhr

Es dauert 1 h und 50 min.

b) Wie lange dauert es von 7.50 Uhr bis 12.25 Uhr?

+ 10 min + 4 h + 25 min

7.50 Uhr 8 Uhr 12 Uhr 12.25 Uhr

Es dauert 4 h und 35 min.

c) Wie lange dauert es von 21.05 Uhr bis 1.40 Uhr?

+ 55 min + 3 h + 40 min

21.05 Uhr 22 Uhr 1 Uhr 1.40 Uhr

Es dauert 4 h und 35 min.

* Beispiellösung: Andere Einteilungen sind möglich.

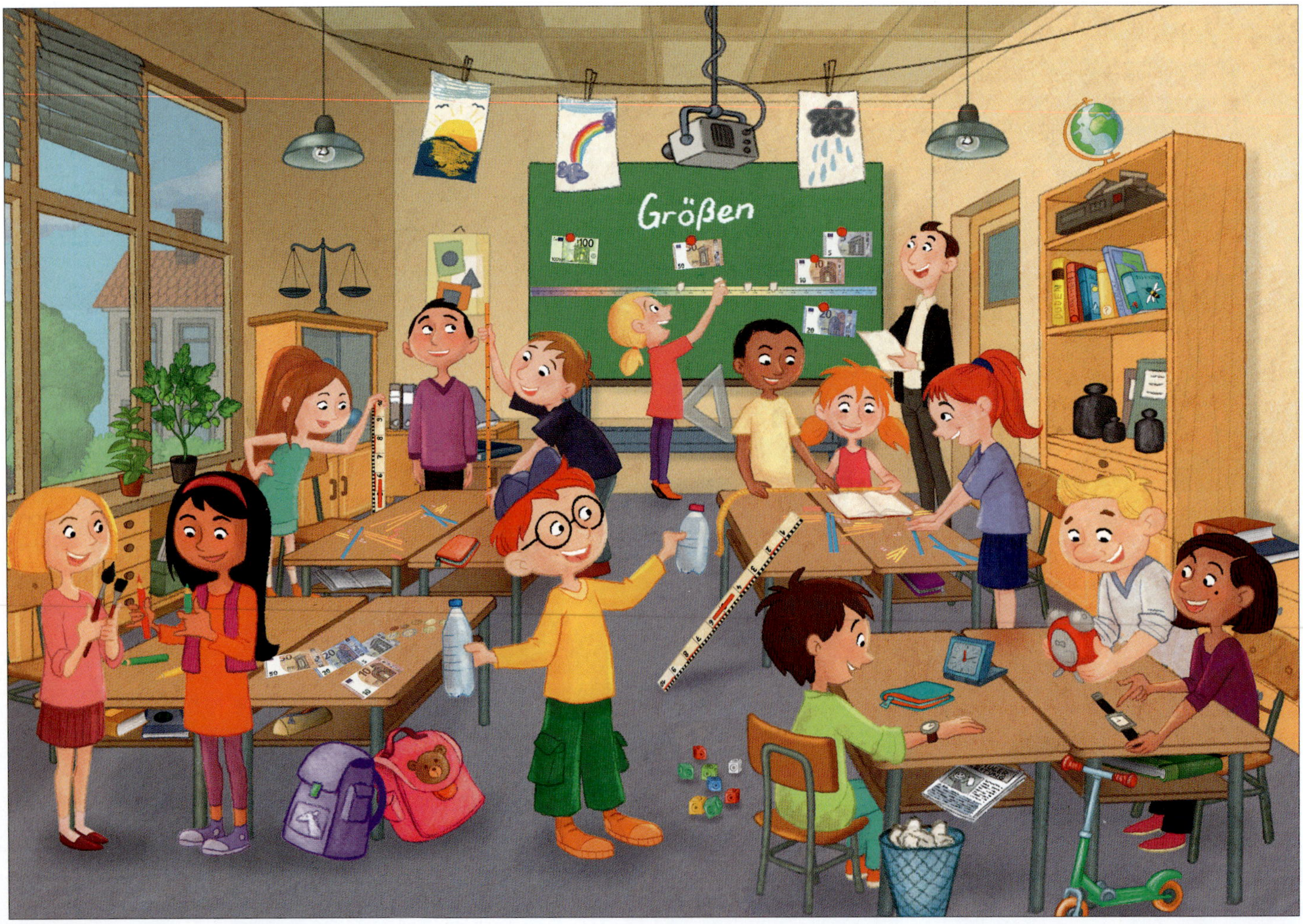

Größen

1 Miss die Länge der Teilstrecken und bestimme die Gesamtlänge der Strecke. Benutze die farbigen Streifen oder dein Lineal.

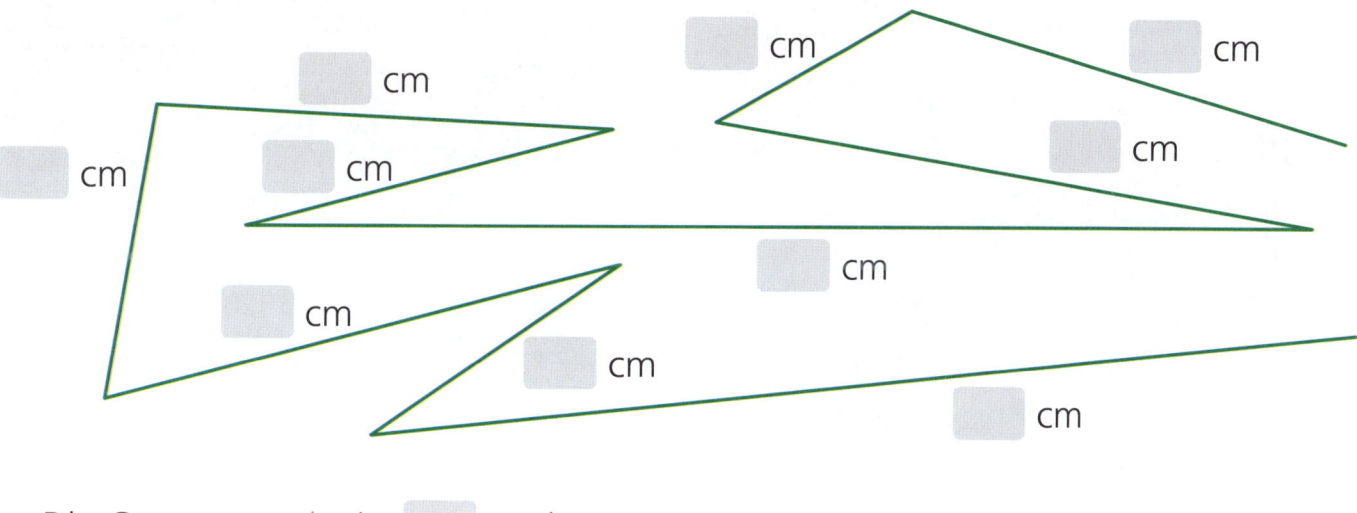

Die Gesamtstrecke ist ▢ cm lang.

2 Zeichne eine Strecke mit den Teilstrecken: 12 cm, 9 cm und 15 cm. Wie lang ist die Gesamtstrecke?

Die Gesamtstrecke ist ▢ cm lang.

3 Ergänze die fehlenden Angaben.

a) Tills Füller ist doppelt so lang wie sein Radiergummi. Der Füller ist ▢ cm lang.

b) Till legt seinen Radiergummi und seinen großen Pinsel aneinander. Zusammen sind sie 30 cm lang. Tills Pinsel ist ▢ cm lang.

c) Tills Regal ist 11-mal so lang wie sein Radiergummi. Er muss also ▢ Radiergummis aneinanderlegen, damit er die Länge des Regals erhält. Das Regal ist ▢ cm lang.

d) Das Tafellineal ist genau 100 cm lang. Till legt 16 Radiergummis aneinander. Es fehlen noch ▢ cm bis 100 cm.

Es ist 8 Uhr.

1. Zeichne die fehlenden Zeiger oben in die Uhren ein.

2. Welches Bild passt zur Uhrzeit? Kreuze an.

a)   ☐  ☐

b)   ☐  ☐

Es ist 20 Uhr.

c)

d)

1 Tag hat 24 Stunden.

Wie viel Uhr ist es?

Der **rote** kleine Zeiger zeigt die Stunden an. Der **blaue** Zeiger zeigt die Minuten, die seit der letzten vollen Stunde vergangen sind.

8 Uhr
acht Uhr
`08:00`

20 Uhr
zwanzig Uhr
`20:00`

1 Schreibe immer beide Uhrzeiten auf.

| _1_ Uhr | Uhr | Uhr | Uhr | Uhr |
| _13_ Uhr | Uhr | Uhr | Uhr | Uhr |

2 Immer zwei Uhrzeiten sehen auf der Uhr gleich aus.
Färbe die zusammengehörigen Kärtchen in derselben Farbe.

| 9 Uhr | 22 Uhr | 4 Uhr | 10 Uhr | 16 Uhr | 21 Uhr |

Uhr – Uhrzeiten mit vollen Stunden

3 Verbinde.

| 11 Uhr | 23 Uhr | 2 Uhr |

| fünfzehn Uhr | zwölf Uhr | neun Uhr |

4 Zeichne die Zeiger ein.

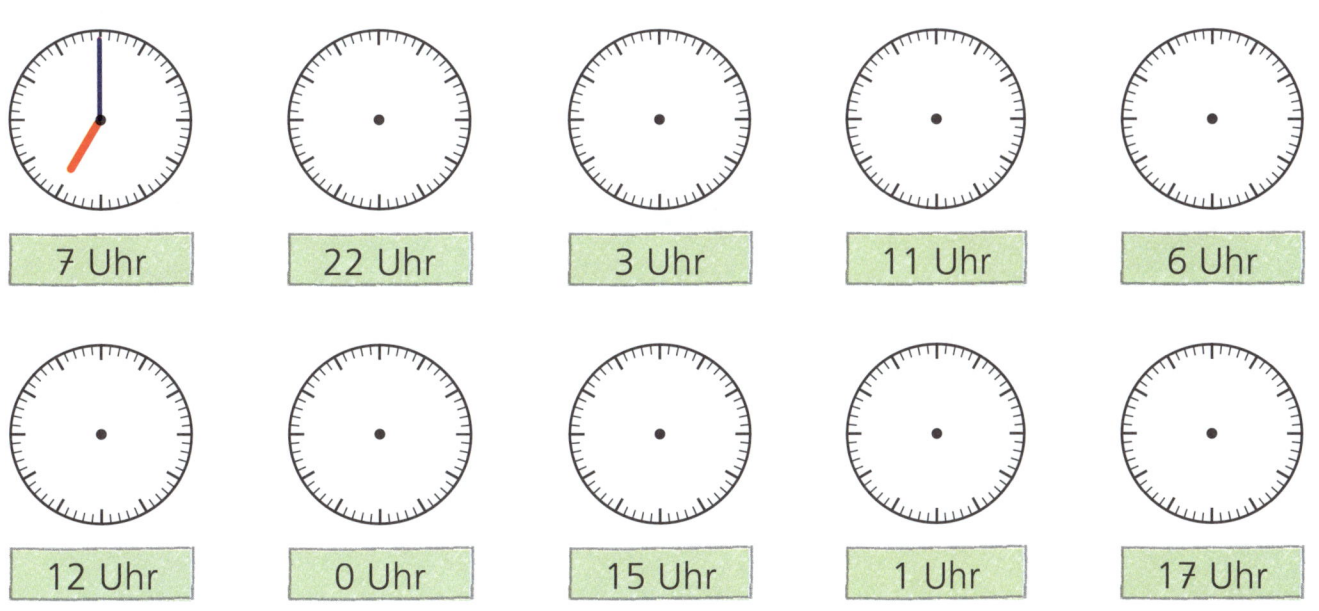

| 7 Uhr | 22 Uhr | 3 Uhr | 11 Uhr | 6 Uhr |

| 12 Uhr | 0 Uhr | 15 Uhr | 1 Uhr | 17 Uhr |

1 Wie viel Cent sind es?

38 ct

2 Wie viel Euro sind es?

77 €

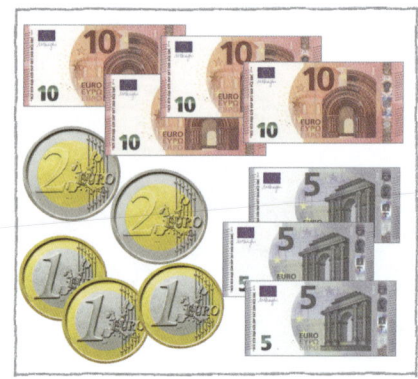

1 Wie bezahlst du? Zeichne.

87 ct	87 €

2 Wie viele Kugeln Eis kann Luisa kaufen? Kreise immer 70 ct ein.

Luisa kann ☐ Kugeln Eis kaufen.

3 Wechsle in kleinere Münzen. Finde verschiedene Möglichkeiten.

	1 ct	2 ct	5 ct	10 ct	20 ct
50 ct	5	–	1	–	2
50 ct					
50 ct					
50 ct					

1 Wie viel kostet es ungefähr? Kreuze an.

☐ 8 ct	☐ 64 €	☐ 30 ct	☐ 45 €
☐ 8 €	☐ 12 €	☐ 3 €	☐ 4 €
☐ 80 €	☐ 97 ct	☐ 10 €	☐ 45 ct

2 Wie viel könnten die Gegenstände kosten? Verbinde.

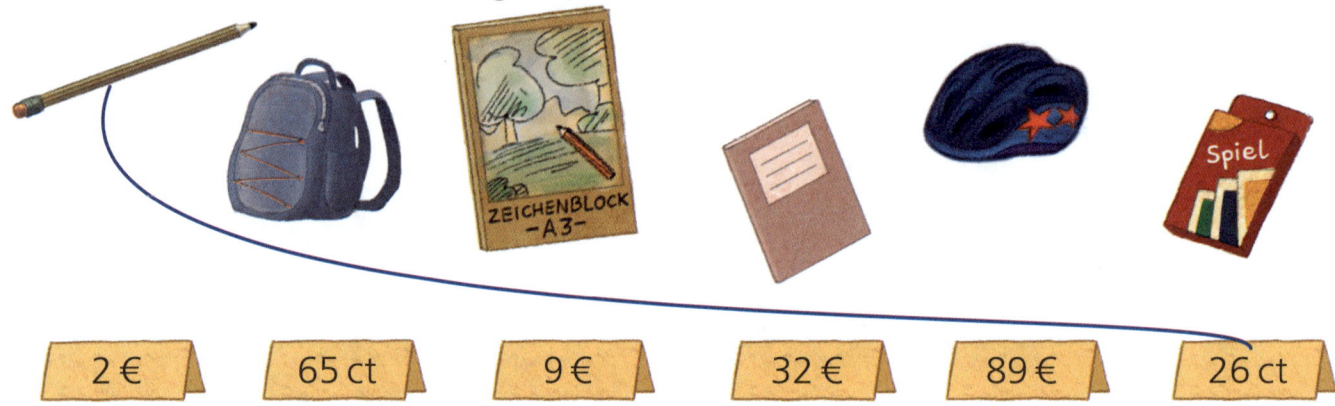

2 €	65 ct	9 €	32 €	89 €	26 ct

3 Wie bezahlst du? Finde immer drei verschiedene Möglichkeiten. Kreuze an.

	1 €	2 €	5 €	10 €	20 €	50 €
78 €						
78 €						
78 €						
32 €						
32 €						
32 €						
99 €						
99 €						
99 €						

1 Ordne die Geldbeutel nach ihrem Inhalt. Beginne mit dem Beutel, der am wenigsten Geld enthält.

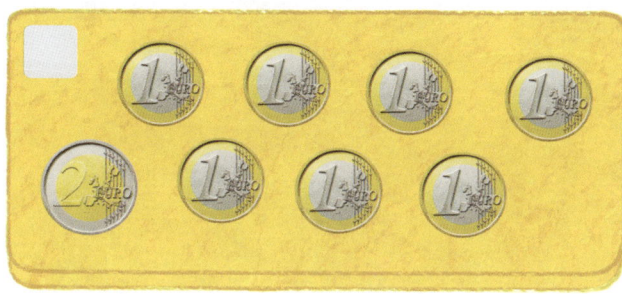

2 Mit welchen Geldbeuteln aus Aufgabe 1 kannst du die Einkäufe bezahlen? Male die Kästchen in der Farbe der Geldbeutel an.

□ □ □ □

□ □ □ □

□ □ □ □

□ □ □ □

□ □ □ □

□ □ □ □

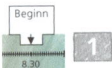

1 So bastelst du dir deinen Uhrzeitenstreifen:

Du brauchst dafür:

- Beilage 2 aus diesem Heft
- Büroklammern
- Stift
- Kleber

1. Trenne die Uhrzeitenstreifen aus der Beilage heraus.
2. Klebe sie in der richtigen Reihenfolge aneinander.
3. Trenne die Kärtchen heraus und knicke die Stecklaschen nach hinten weg.
4. Schreibe weitere wichtige Tätigkeiten auf die leeren weißen Kärtchen.
5. Jetzt kannst du die Kärtchen auf den Uhrzeitenstreifen stecken.

2 Kann das stimmen? Kreuze an.

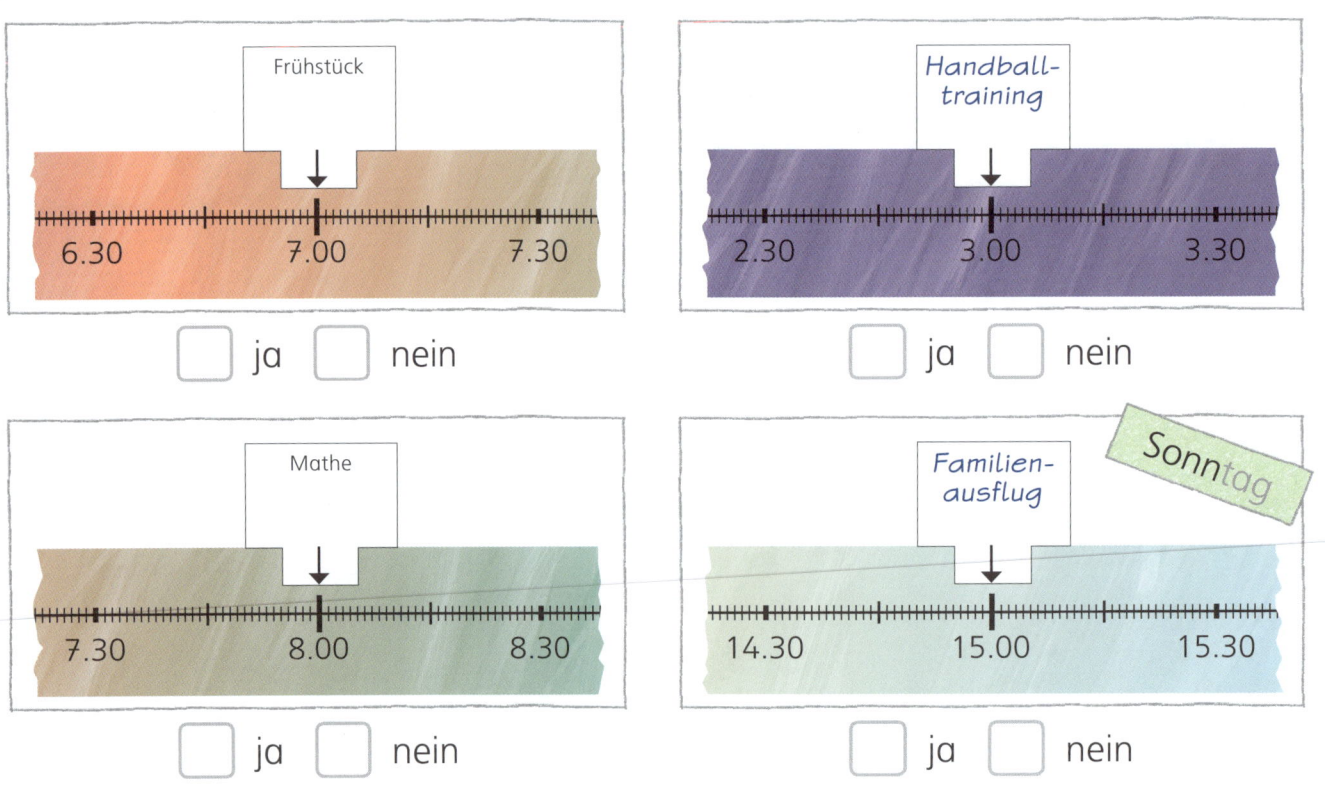

Frühstück

6.30   7.00   7.30

☐ ja ☐ nein

Handball-training

2.30   3.00   3.30

☐ ja ☐ nein

Mathe

7.30   8.00   8.30

☐ ja ☐ nein

Familien-ausflug

Sonntag

14.30   15.00   15.30

☐ ja ☐ nein

Wie lange dauert es von 13 Uhr bis 15 Uhr?

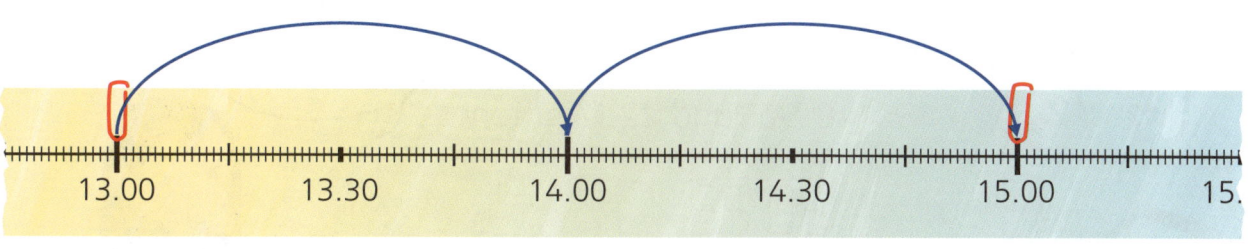

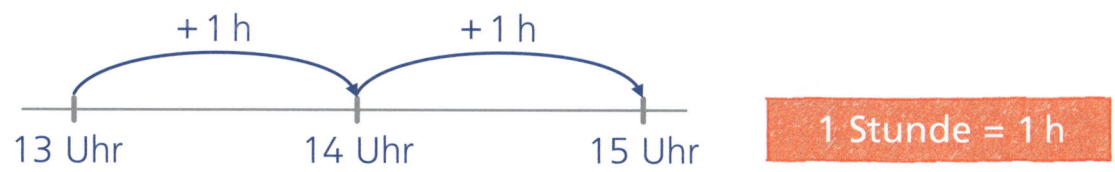

1 Stunde = 1 h

Es dauert 2 h.

1 Wie lange dauert es?
Berechne mit dem Uhrzeitenstreifen und zeichne ein.

a) Wie lange dauert es von 12 Uhr bis 17 Uhr?

12 Uhr   [ ] Uhr

Es dauert [ ] h.

b) Wie lange dauert es von 6 Uhr bis 12 Uhr?

[ ] Uhr   [ ] Uhr

Es dauert [ ] h.

c) Wie lange dauert es von 8 Uhr bis 20 Uhr?

[ ] Uhr   [ ] Uhr

Es dauert [ ] h.

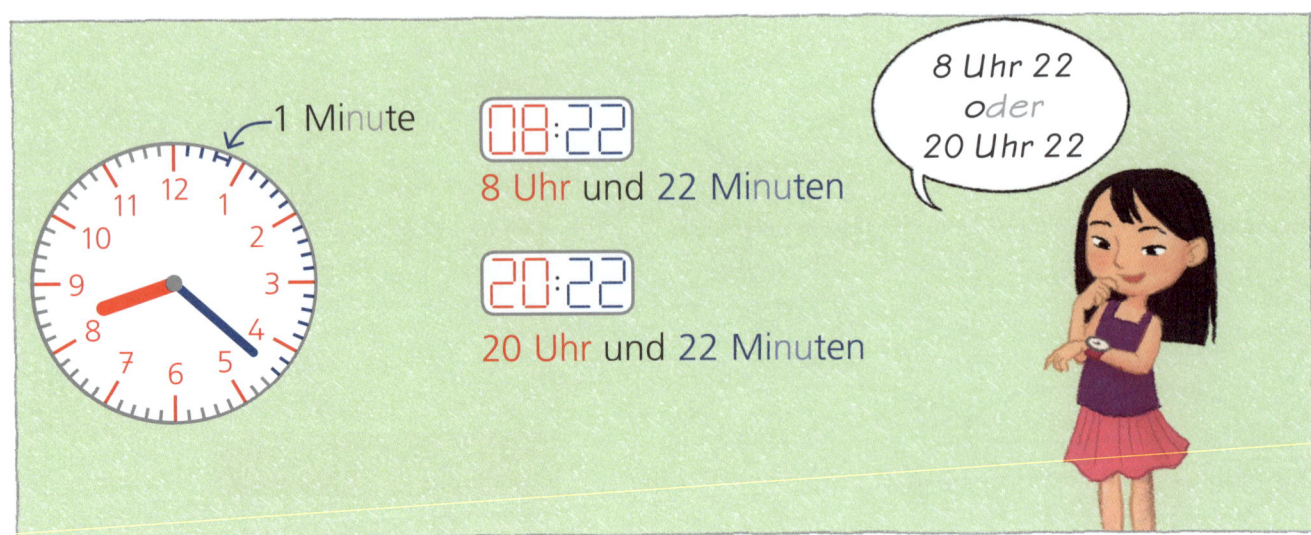

8 Uhr 22
oder
20 Uhr 22

8 Uhr und 22 Minuten

20 Uhr und 22 Minuten

1 Wie viel Uhr ist es? Verbinde.

23:07

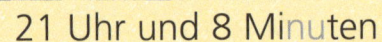 21 Uhr und 8 Minuten

23 Uhr und 7 Minuten

6 Uhr und 10 Minuten

9 Uhr und 18 Minuten

5 Uhr und 31 Minuten

 19 Uhr und 30 Minuten

 11 Uhr und 47 Minuten

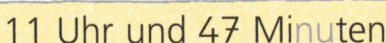 15 Uhr und 25 Minuten

15:25

19:30

09: 18

2 Hier siehst du Uhrzeiten innerhalb von einer Stunde.
Bringe die Uhren in die richtige Reihenfolge.

1

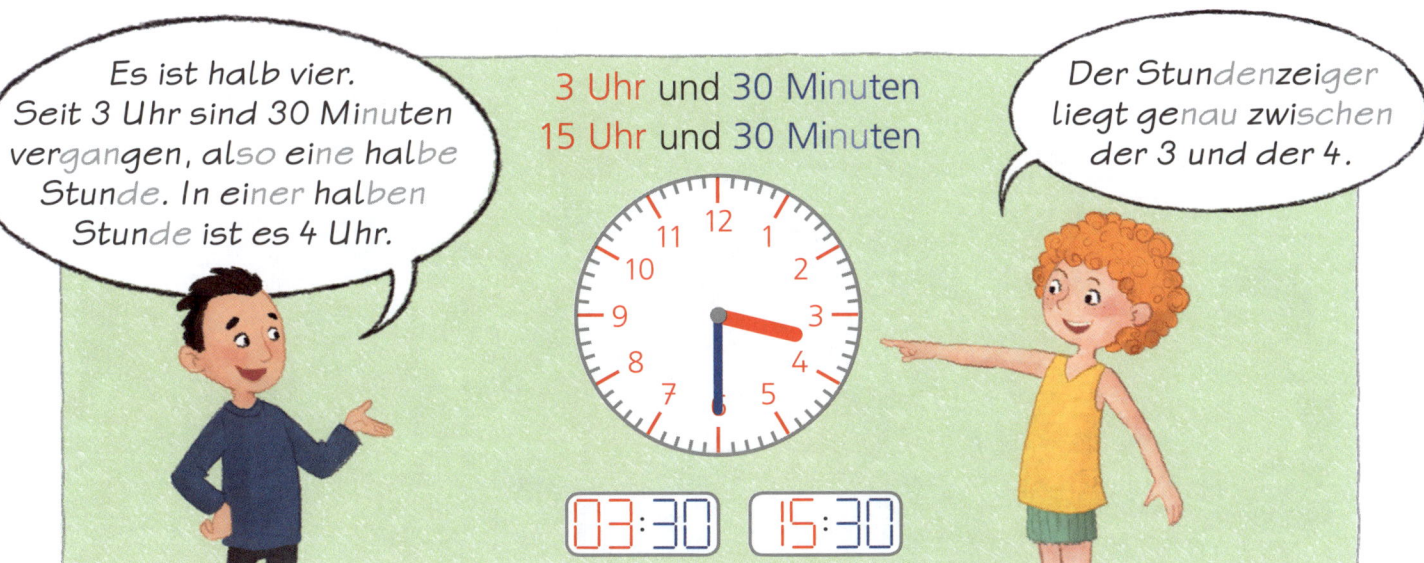

1 Wie viel Uhr ist es? Verbinde.

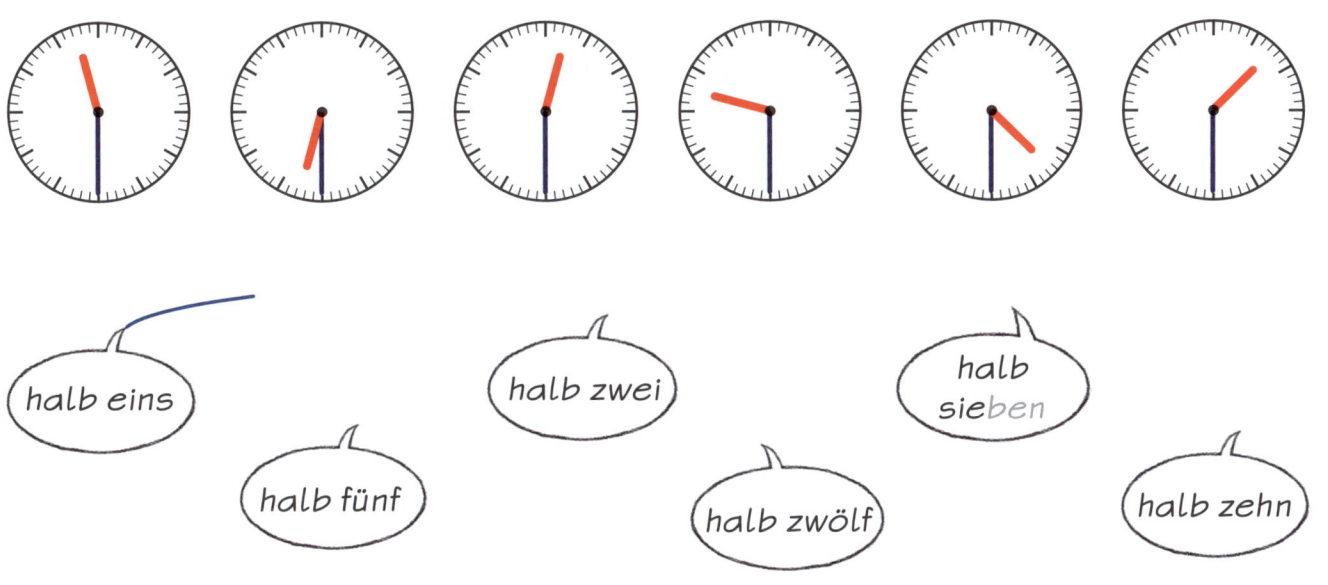

halb eins

halb fünf

halb zwei

halb zwölf

halb sieben

halb zehn

2 Welche Aussagen sind richtig? Kreuze an.

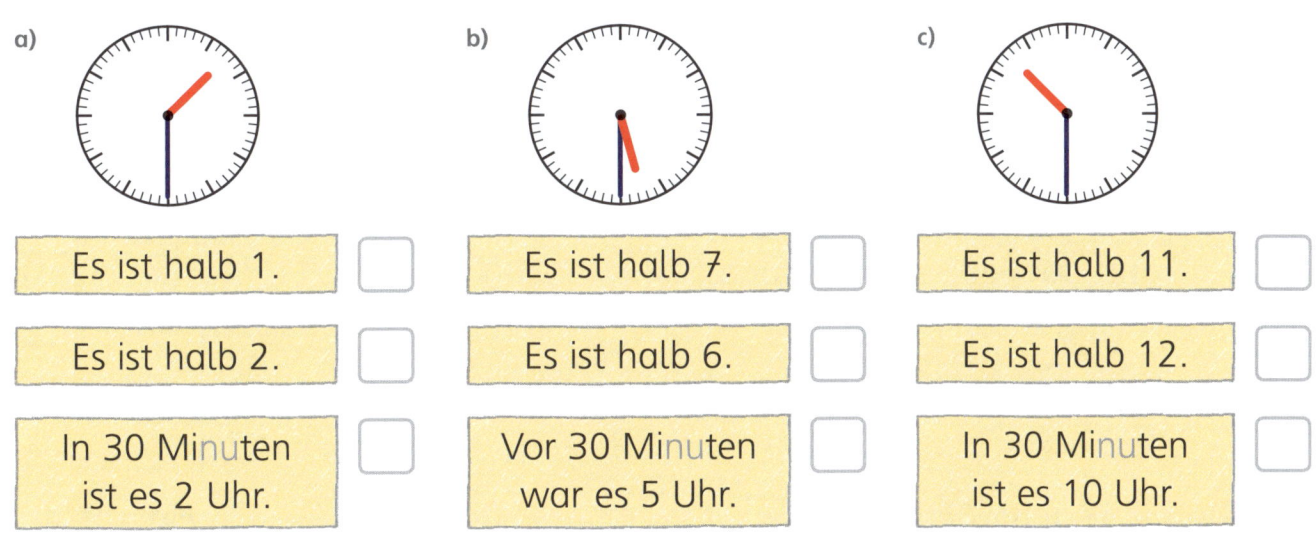

a)

Es ist halb 1. ☐

Es ist halb 2. ☐

In 30 Minuten ist es 2 Uhr. ☐

b)

Es ist halb 7. ☐

Es ist halb 6. ☐

Vor 30 Minuten war es 5 Uhr. ☐

c)

Es ist halb 11. ☐

Es ist halb 12. ☐

In 30 Minuten ist es 10 Uhr. ☐

1 Wie viel müssen die Kinder bezahlen?

a) Lena kauft die Blockflöte und das Buch.

5	€	+	7	€	=					

Lena muss ___ € bezahlen.

b) Paul kauft das Einrad und den Fahrradhelm.

Paul muss ___ € bezahlen.

c) Markus kauft die Gitarre und den Rucksack.

Markus muss ___ € bezahlen.

d) Ida kauft den Tennisschläger und das Schachspiel.

Ida muss ___ € bezahlen.

e) Ella kauft das Federballspiel und das Auto.

Ella muss ___ € bezahlen.

f) Julian kauft das Puzzle und die Schwimmflossen.

Julian muss ___ € bezahlen.

Geld – Einkaufen

2 Wie viel Rückgeld bekommen die Kinder?

a) Laura kauft das Federballspiel und den Stoffhund.

Sie bezahlt mit:

1	3	€	+			4	€	=	1	7	€	
5	0	€	–		1	7	€	=				

Laura bekommt ☐ € zurück.

b) Tom kauft das Spielzeugauto und die Schwimmflossen.

Er bezahlt mit:

Tom bekommt ☐ € zurück.

c) Ali kauft die Inliner und die Lupe.

Er bezahlt mit:

Ali bekommt ☐ € zurück.

d) Bea kauft den Roller und den MP3-Player.

Sie bezahlt mit:

Bea bekommt ☐ € zurück.

3

a) Welche drei Gegenstände kaufst du auf dem Schulflohmarkt?

Ich kaufe: _____

b) Wie viel kosten deine drei Gegenstände zusammen?

Die drei Gegenstände kosten zusammen ☐ €.

c) Mit welchem Geldschein bezahlst du? Ich bezahle mit: ☐

d) Wie viel Rückgeld bekommst du?

Ich bekomme ☐ € zurück.

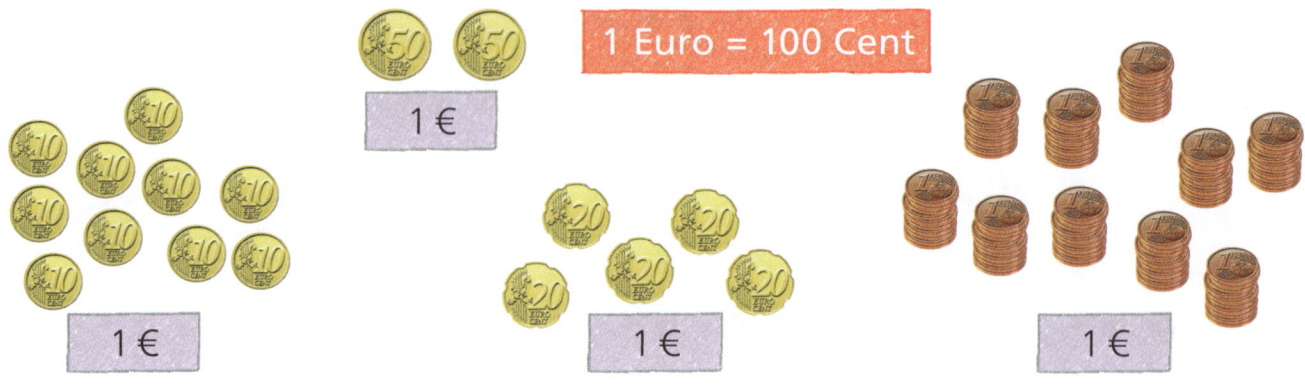

1 Euro = 100 Cent

1 € 1 € 1 € 1 €

---

1 Wie viele Euro sind es? Bündle, wenn möglich.

___ €   ___ €

---

2 Wie viele Euro und Cent sind es? Beachte: 100 Cent = 1 Euro.

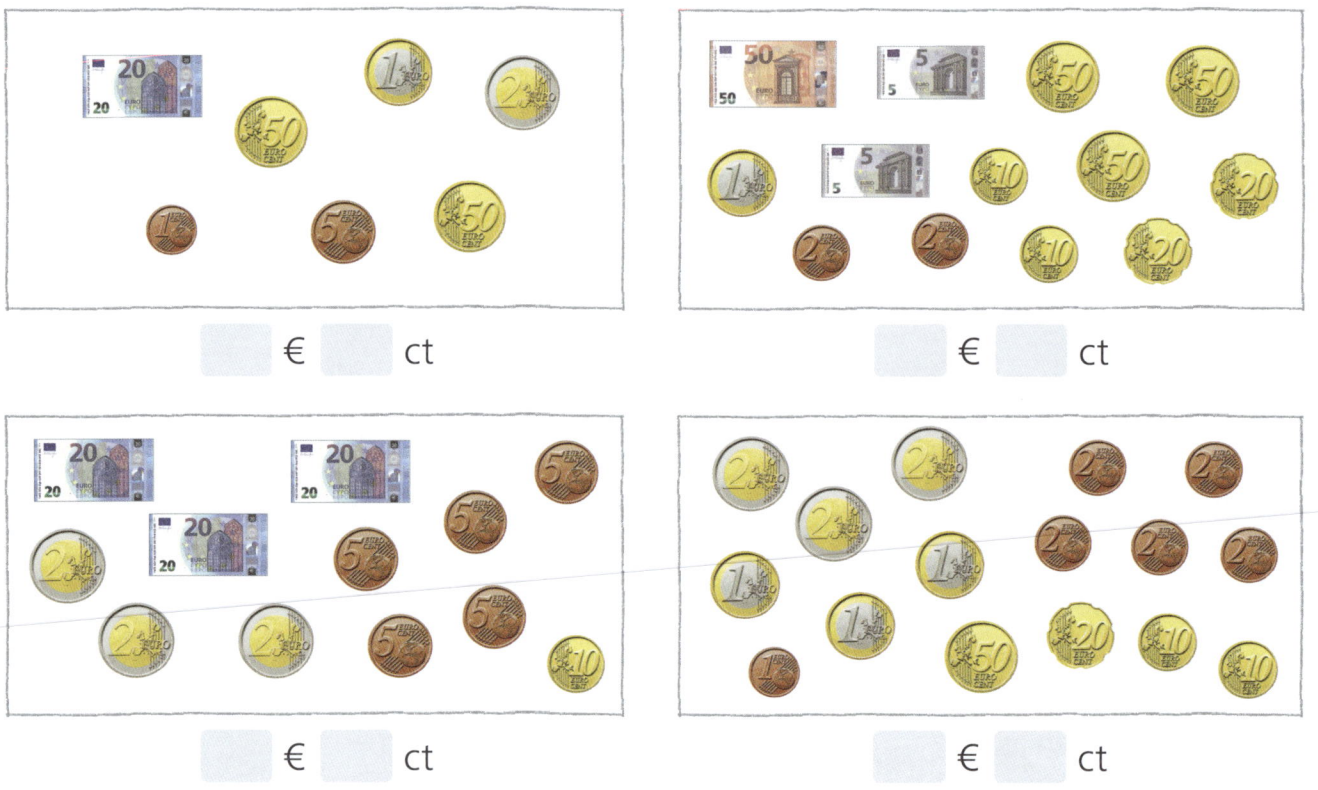

___ € ___ ct   ___ € ___ ct

___ € ___ ct   ___ € ___ ct

Geld – Euro und Cent

1 Schreibe auf, wie viel Geld es ist. Kreuze dann an, welche Geldbeträge du wegnehmen kannst.

a)

Ich kann 5 € 1 ct wegnehmen. ☐

Ich kann 5 € 2 ct wegnehmen. ☐

Ich kann 2 € 12 ct wegnehmen. ☐

Ich kann 1 € 60 ct wegnehmen. ☐

Ich kann 6 € 10 ct wegnehmen. ☐

☐ € ☐ ct

b)

Ich kann 5 € 1 ct wegnehmen. ☐

Ich kann 5 € 2 ct wegnehmen. ☐

Ich kann 2 € 12 ct wegnehmen. ☐

Ich kann 1 € 60 ct wegnehmen. ☐

Ich kann 6 € 10 ct wegnehmen. ☐

☐ € ☐ ct

2 Zeichne das Geld so, dass du den angegebenen Betrag wegnehmen kannst.

| 2 € 38 ct | | 8 € 1 ct |

Ich nehme weg: 1 € 20 ct   Ich nehme weg: 5 € 10 ct

Es bleiben ☐ € ☐ ct übrig.   Es bleiben ☐ € ☐ ct übrig.

1 Schneide einen Wollfaden ab, der genau 1 m lang ist. Miss damit große Gegenstände. Schreibe die ungefähren Maße in die Tabelle.

Gegenstand	ungefähre Länge in Meter
Auto	4 m

2 Lege immer 1 Meter. Lege auf unterschiedliche Arten. Trage in die Tabelle ein, wie du gelegt hast.

	▬▬▬	▬	▬	▪	▪
1 Meter	4	2	–	–	–
1 Meter					
1 Meter					
1 Meter					
1 Meter					

Mithilfe dieser Merkgrößen kannst du die Länge oder Breite von Gegenständen abschätzen:

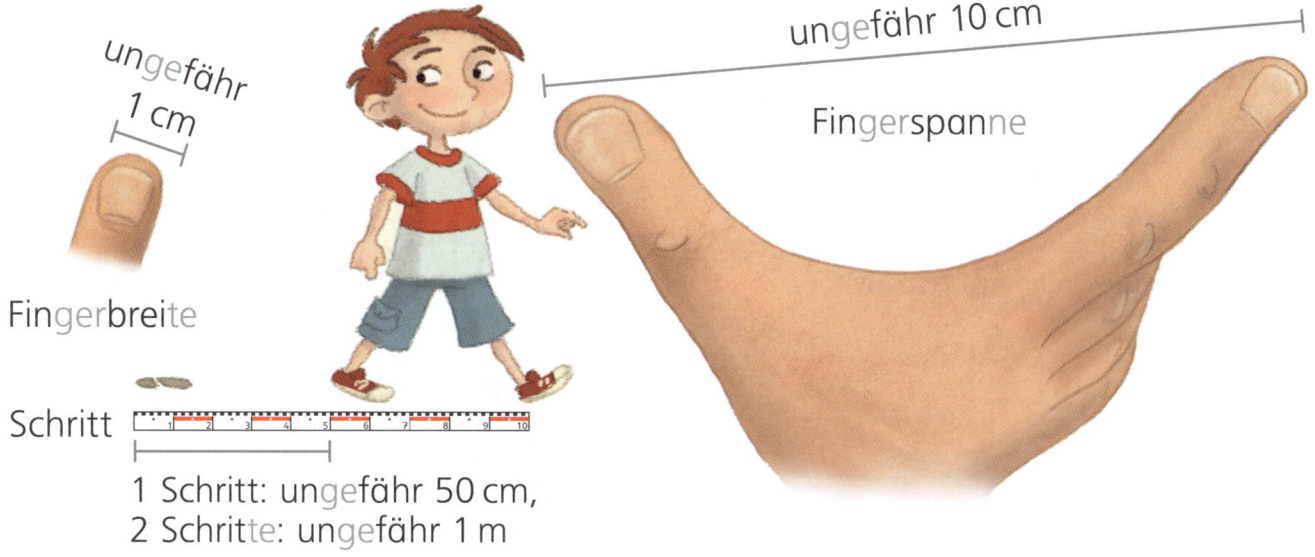

ungefähr 1 cm

Fingerbreite

ungefähr 10 cm

Fingerspanne

Schritt

1 Schritt: ungefähr 50 cm,
2 Schritte: ungefähr 1 m

1 Mit welcher Merkgröße kannst du die Länge des Gegenstands abschätzen? Trage in die Tabellen ein.

Gegenstand	Merkgröße
Bleistift	
Bus	
Radiergummi	

Gegenstand	Merkgröße
Gummibärchen	
Balkon	
Mathebuch	

2 Wie lang oder wie hoch ist es?

lang

lang

hoch

hoch

lang

hoch

1 Ordne die Kinder nach der Größe. Beginne mit dem kleinsten Kind.

Tobias 1 m 35 cm	Benni 132 cm
Marie 127 cm	Sara 1 m 24 cm
Fabius 1 m 25 cm	Ella 138 cm

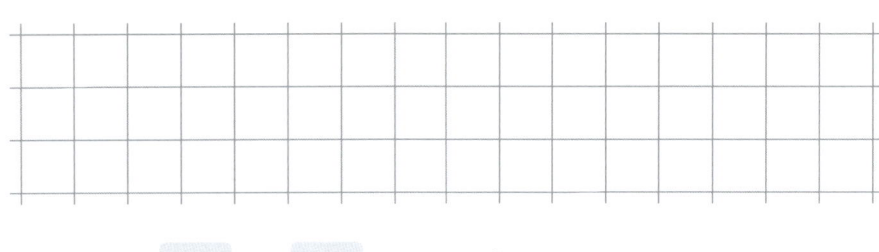

Du bist 132 cm groß.

Das sind 1 m und 32 cm.

2 Löse auch mit einer Skizze. Tim ist 1 m 37 groß.
Paula ist 14 cm größer. Wie groß ist Paula?

Paula ist ☐ m ☐ cm groß.

3 Schätze, wie lang die Gegenstände sind. Miss dann mit einem Lineal,
Maßband oder Meterstab nach.

Gegenstand	geschätzt	gemessen	
Länge der Badewanne		m	cm
Breite der Zimmertür			
Länge des Smartphones			
Länge des Betts			
Breite des Übungshefts			
Länge des Übungshefts			
Höhe des Kühlschranks			

1 Wie groß sind die Gegenstände in der Wirklichkeit?
Setze m für Meter oder cm für Zentimeter ein.

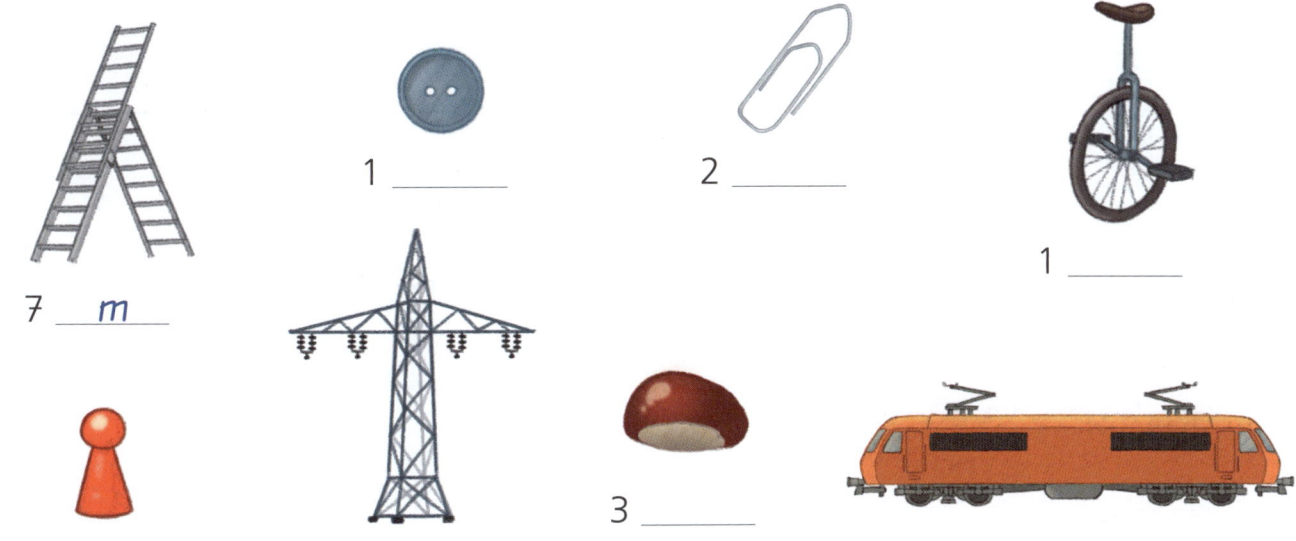

7 _m_

1 _____

2 _____

1 _____

2 _____   60 _____   3 _____   20 _____

2 Welche Längenangabe passt? Kreuze an.

5 m ☐   15 cm ☐   6 m ☐
20 m ☐   3 cm ☐   1 m ☐
100 m ☐   10 cm ☐   2 m ☐

3 Immer 1 Meter. Rechne.

a) 50 cm + ____ cm = 1 m   b) ____ cm + 35 cm = 1 m

7 cm + ____ cm = 1 m   ____ cm + 12 cm = 1 m

98 cm + ____ cm = 1 m   ____ cm + 9 cm = 1 m

66 cm + ____ cm = 1 m   ____ cm + 74 cm = 1 m

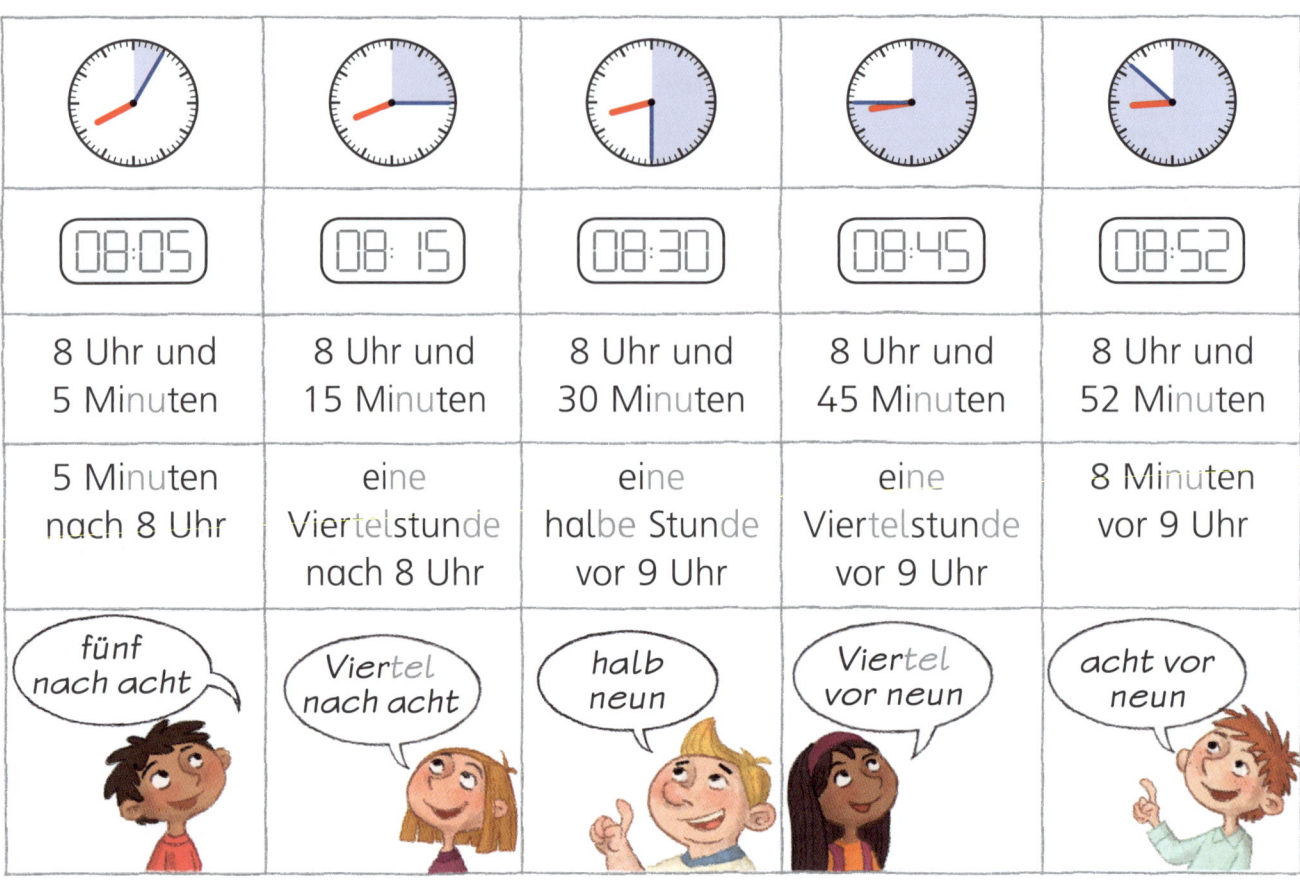

1 Immer zwei Kärtchen passen zusammen.
Färbe die Kästchen der zusammengehörigen Kärtchen in derselben Farbe.

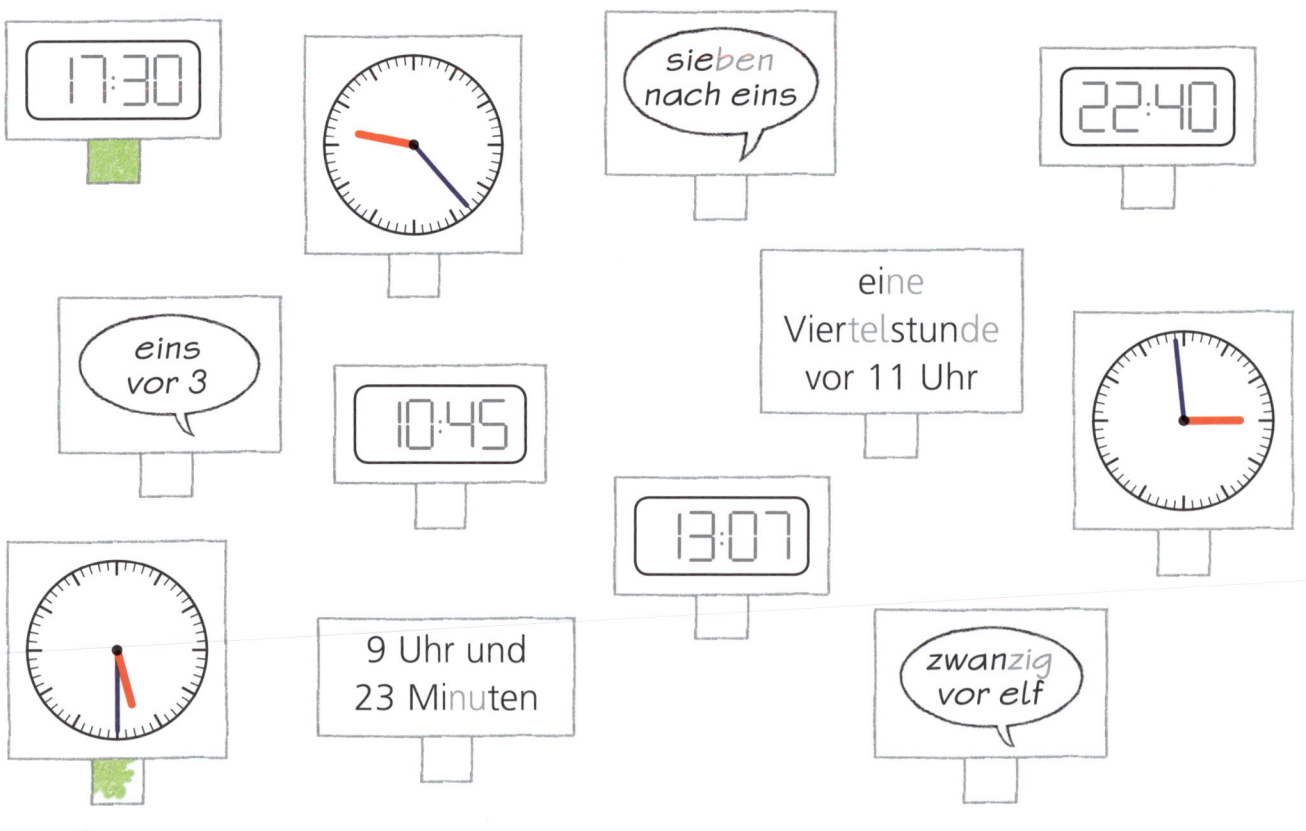

Uhr – Sprechweisen von Uhrzeiten

Wie lange dauert es von 13.15 Uhr bis 15.10 Uhr?

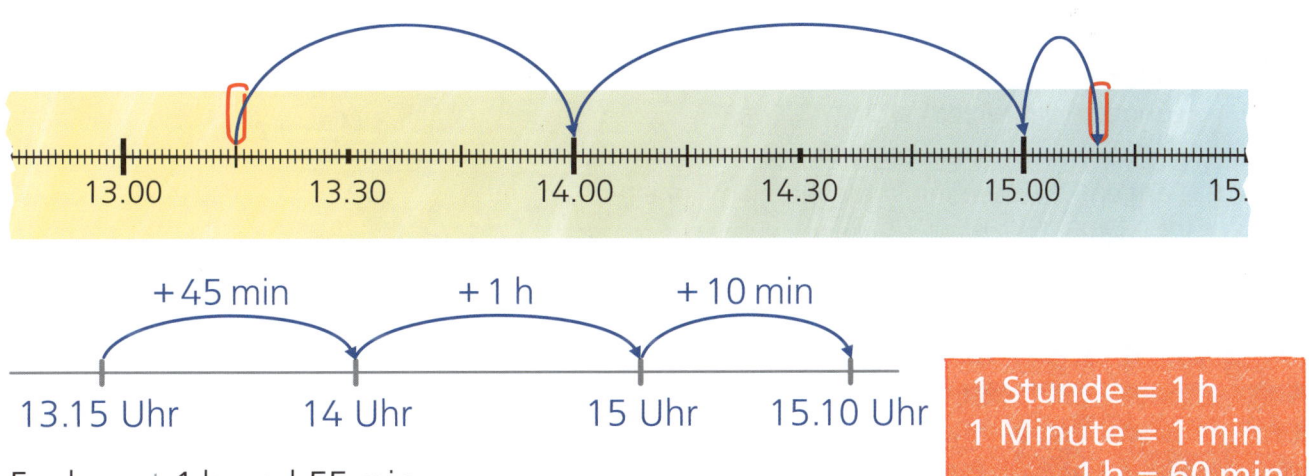

Es dauert 1 h und 55 min.

1 Stunde = 1 h
1 Minute = 1 min
1 h = 60 min

1 Wie lange dauert es?
Berechne mit dem Uhrzeitenstreifen und zeichne ein.

a) Wie lange dauert es von 12.30 Uhr bis 14.20 Uhr?

12.30 Uhr

Es dauert ____ h und ____ min.

b) Wie lange dauert es von 7.50 Uhr bis 12.25 Uhr?

____ Uhr

Es dauert ____ h und ____ min.

c) Wie lange dauert es von 21.05 Uhr bis 1.40 Uhr?

____ Uhr

Es dauert ____ h und ____ min.

Inhaltsverzeichnis